天守のない城をゆく

城の楽しみ方、活かし方

澤宮優

青土社

天守のない城をゆく　目次

天守のない城をゆく——城の楽しみ方、活かし方

＊昭和以前については和暦と西暦併記、昭和以降は西暦表記とした。

はじめに

城ブームと文化財保護

空前の城人気が到来して、もう何年になるだろうか。かつては、城好きと言えば、男性が圧倒的に多く、一部の武将好きの少年を除けば、年配の愛好家が多かったイメージがある。

それが２０００年代になると、若い世代の女性を関ヶ原の古戦場や、西軍の武将たちの廃城で見かけるようになった。「戦国無双」というゲームで女性が西軍の武将に関心を持ったのがその発端だと言われている。ゲームに登場する石田三成や大谷吉継ら関ヶ原で敗れた武将たちが魅力的に描かれ、虜になったと聞く。今まであまり見向きもされなかった敗者の武将たちに光があたるようになったのは、彼女たちの功績である。

さらに広い世代にわたって城ファンは増え、テレビでも城を特集した番組が放送されている。これからも、多くの人が城に興味を持ち続けてゆくことだろう。

その中で城の保護について懸念する動きがあることを記しておきたい。

それは２０１９年に「文化財保護法」が改定されたことである。この改定が文化財にどのような影響を及ぼしているか述べてみたい。

文化財保護法は、１９５０年に法隆寺金堂壁画の焼失を機に、文化財を保護し未来に継承するために制定された法律である。その後何度か改定されたが、骨格は文化財の「保存・整備」重視で揺らぐことはなかった。しかし2019年4月に改定されたものは「保護・整備」に加え、観光目的の「活用」が新たに加わったのである。文化財を活用することは望ましいが、問題はその活用方法である。

文化財は学習遺産なので、「活用」においては、学習を軸にして、歴史の面白さに触れる機会を提供することが第一とされる。文化財を実際に見て、近くで触れることで、文化財の大切さや親しみを感じてもらい、その後に観光見物などが付随する。

しかし今回の改定文化財保護法の根底にあるものはこれらとは一線を画する。つまり活用は、第一に観光のためであり、その観光もインバウンドの海外からの旅行客に「文化財を金の成る木」として利用させ、経済的な効果を得るのが目的だからである。

日本経済は長らく不況にあるので、政策の一環として国は文化財を利用して経済的に潤したいのが本音である。日本は少子高齢化もあり、先行きは暗い。文化財も政策の目玉として利用価値が出てきたのだ。もちろん経済資源としての活用もあるかもしれないが、行きすぎた金儲け主義に走れば本来優先すべき保護や整備に支障がでるおそれがある。

何より文化財を活用し観光地として賑わせるにしても、先に述べたように、学習遺産ならではの活用の仕方がある。一律に観光と行っても、その目的や方法はそれぞれの分野で異なるということだ。

2020年には「文化観光推進法」が制定された。「文化観光推進法」は、文化の振興を観光の振興、地域の活性化に繋げて、文化振興を経済効果に役立てる法律だ。もちろん文化財の中には城も含まれるし、城こそ神社仏閣と並び観光政策の目玉になる存在だ。

これからの文化財に経済資源としての用途が、高まっていくのは自明の理である。その中で行きすぎた観光化のために支障が出てくる事例が聞かれるようになった。

城などで一体何が起こったか

２０２０年には、世界遺産の鹿苑寺金閣（京都市）の敷地内で観光客の便宜を優先するために、参拝者用のトイレの建て替え工事を文化庁に許可を受けないまま行っていたことが判明した。工事が行われた場所は三代将軍足利義満が建立した北山大塔という巨大な七重塔の跡地（北山七重大塔推定値土壇）だった。塔の一部とみられる大型の装飾品（青銅製九輪破片・推定径２・３メートル）や高さ２メートル、一辺約40メートルの盛土があり、塔の基礎部分である基檀跡の可能性があった。もともとこの土壇もこの10年ほどインバウンドによる観光客増加によるトイレ、売店の建設により大きく変形毀損されていた。

この事実はこの地の調査を担当した京都市埋蔵文化財研究所研究員が、現状の回復を求める申し出を文化庁に送ったことで発覚した。

申し出をした研究員は「鹿苑寺は観光客の便宜を優先し、文化財保護を軽視した。重要な遺構が消滅することがあってよいのか」と記者会見で述べた。

「行政手続法36条の3にもとづく処分の申出について」で、申出者代理人の弁護士中島晃は、〈この問題の背景には、インバウンドも含めて大量の観光客をよびこもうという観光政策のゆがみがあると考えます。

今回の金閣寺の事態も、大量の観光客を受け入れるために、参拝者用便所を建て替えるにあたって、観光客の便宜を優先して、文化財の保護を軽視したことにあると考えられます〉と述べている。

コロナ禍も収束し外国からの観光客が日本に戻ってきた２０２３年7月には、奈良県の世界遺産で鑑真が創建した国宝・唐招提寺金堂の柱に、カナダ人の17歳の観光客の少年が爪で文字を書いて傷つけるという事が起こった。金堂内の南西側の柱に少年は二カ所に名前のような文字「Julian」と書いたという。この様子を目撃した日本人観光客が寺に知らせて発覚した。警察は文化財保護法違反の疑いで捜査している。

読売テレビの記事によれば、寺の関係者は、今回起こった事件は外国人観光客急増に伴い起こったことで、とても悲しい出来事で、心に傷を負った関係者もいると話している。奈良県文化財保護課は唐招提寺と文化庁と修復方法を協議しているという。

奈良公園でも観光客が捨てたゴミを食べた鹿が体調を崩す事例も見られ、食べ物の匂いのついたビニール袋を食べた鹿が衰弱死した事例もある。鹿をむやみに追いかけ回す客も問題となっている。

京都の嵐山では観光客が捨てたゴミが店の前や店の売り物の中に紛れて捨てられ、店も困惑しているという。岐阜県大野郡にある世界遺産の白川郷でも大量のゴミが問題になっている。ここには公共のゴミ箱がないので、回収する村人たちの大きな袋がいっぱいになるほどで、とくに煙草の吸い殻が問題視されている。木造と茅葺きによって作られた合掌造りの集落群は燃えやすく、火元は大変慎重に扱う必要がある。喫煙所以外で煙草を吸う観光客も少なくない。村以外から持ち込まれたと思われるゴミも捨てられている。

かつては観光客用のゴミ箱を駐車場に設置した時期もあったが、団体バス1台分の弁当箱が捨てられることもあり、回収、分別が追いつかず、量が多すぎるので撤去した。今は観光客がゴミを持ち帰ることになっている。

白川郷は世界遺産登録前には、年間来場者は60万人台だったが、2002年には150万人を超えた。そのため居住家屋に観光客が無断で入ったり、生活道路にも観光用の車が入り、地元住民に負担が生じている。旅館、土産物屋、喫茶店なども多く建てられ、かつての静かで落ちついた景観を求めることが難しくなっている。

城でも行きすぎた観光活用が見られるようになった。

近年「城泊」という言葉をよく耳にする。城泊は、観光客が城に宿泊できるプランである。現在は大洲城（愛媛県大洲市）天守、平戸城（長崎県平戸市）懐柔櫓で行われている。

城泊のホームページには「「一日城主」で殿様気分」という見出しもある。城泊は観光庁が進めている事業のひとつで、インバウンド拡大に向けた取り組みである。城だけでなく寺院も宿泊施設として活用することで、観光客の長期滞在や旅行消費額増化に繋げるのが目的だ。旅行会社側では、外国人旅行者の旅行消費額の伸び悩みもあり、城泊の取り組みを強化してきた。観光庁では2020年度から訪日外国人旅行者の長期滞在や旅行消費額の増加を目指す取り組みの一環として、全国各地に点在する城や社寺を日本ならではの文化が体験できる宿泊施設として活用するための環境整備に対して支援を行っている、と書かれている（JTB総合研究所ホームページ内「1泊100万円から・注目の数字」より）。

2020年5月に文化庁は「観光振興事業費補助金（城泊・寺泊による歴史的資源の活用事業）」を公募し、採択されれば経費の2分の1、上限750万円（現在は1000万円）を行政を通して補助することになっている。また宿泊施設としての開業に意欲のある事業者に対して、地域住民や自治体から理解を得て事業化を進めるための城泊・寺泊の専門家の派遣もできるという。観光庁によれば城は外国人観光客を誘致できる継続可能な宝なので、官民をあげて城を盛り上げたいという。

現在は福山城（広島県福山市）、岸和田城（大阪府岸和田市）、国宝松江城（島根県松江市）、中津城（大分県中津市）、津山城（岡山県津山市）、丸亀城（香川県丸亀市）、岩村城（岐阜県恵那市）、綾城（宮崎県綾町）などで城泊事業に向けて活動が進められている（２０２１年福山城、中津城、臼杵城が採択）。なお、仁和寺（京都府京都市）、延暦寺（滋賀県大津市）、智積院（京都市）なども「寺泊」として採択されている。

大洲城は木造復元天守が再建されているが、１泊２名で費用は約１１０万円。その日は「一日城主」として遇され、夕食は当時の城主が食したものを一流シェフが再現してくれるという。大洲城は再建天守のため文化財指定を受けていないので、文化財保護法には抵触しない。長崎県平戸城の懐柔櫓も宿泊用に新築したので問題はないという。この他に採択された城も再建された建物なので文化財保護法の管理下にない。津山城は天守がないので、これから櫓を作るのだろうか。

〈…かつての武将たちは、ここでなにを思ったのだろう。天守に泊まることでしか感じえなかった歴史の追体験へ〉と「NIPPONIAHOTEL 大洲城下町」のホームページに謳ってある。

兵庫県篠山城では本丸御殿の大書院を貸し切ってディナーも体験できる「殿様御成体験／殿様御前」のプランが行われている。岡山城（岡山市）では天守の夜間利用として、各種懇親会や記念パーティに城を貸し出す試みも行われている。時間帯は17時30分から21時30分、利用料金は10万円である。また不明門では講演会や会議、控え室、ワークショップに利用できるという。同様の試みは和歌山城（和歌山市）でも始まり、天守で和装の結婚式、音楽会、展示会、刀剣や着付け体験ができるという。ただし周囲の石垣や城内の史跡に支障が生じるのではないかという懸念も持たれている。

城郭研究者の中井均（滋賀県立大学名誉教授・考古学）は言う。

「城を観光に活用することはよいことだと思います。ただいつも言いますが、天守に人が住んでいるわけではありません。本丸御殿や二の丸御殿が藩主のいる場であり、天守には畳も敷かれていません。藩主はお国入りのときか一年に一回ほど入るくらいで、藩主が天守で生活するなどありえない。それを宿泊施設にするのは、殿様は天守に泊まるという間違ったイメージをもたれると懸念します」天守は権威の象徴に過ぎない。多くの人に城に興味を持ってもらうのはいいことだが、ホテルのようではなく歴史遺産としての望ましい活用は無かったのだろうか。平戸城は櫓だが、櫓も戦目的の建物なので、ふだんは内部は物置として使われ人はいなかった。

櫓の真実を伝えるには、何も中にはないことを伝えることが大切である。

結婚式を挙げられる城も登場した。岸和田城（大阪府岸和田市）では天守で結婚式（岸和田城挙式プラン）を挙げられる。岸和田城も再建天守なので、文化財保護法には抵触しないが、天守での結婚式が城の活用としていいことなのか首を傾げざるをえない。

日本には明治以前から残っている天守（現存天守という）は12しかない。2023年6月24日の「中日新聞」で、その現存天守の一つである福井県坂井市にある丸岡城天守で飲食ができる企画が進んでいると報じられた。記事によれば、坂井市は訪日外国人の富裕層向けの旅行商品の造成を目指しているという。その一環として天守内での飲食を許可するイベントと、天守前に屋外レストラン（高級食材によるプレミアムディナー）を設け、日本文化の特別感を演出するのが狙いである。

総事業費は2500万円で、このツアーは観光庁の「観光再始動事業」の一つである。

ただし丸岡城は国の重要文化財で、天守内での飲食は認められていないので、これから文化庁と協議を進めるという。市観光交流課は、将来は東尋坊、三国温泉などと組み合わせて1泊100万円規模のツアーにしたいという考えである。

文化庁がどのような判断を下すのかわからないが、今後もますます各地で文化財をレジャーランドとして、観光開発を行うことは明白だろう。

悩ましいのが熊本地震で被災した熊本城の復興である。

２０１６年の熊本地震で多くの建物や石垣が壊された。その中には国指定重要文化財の田子櫓、七間櫓、十四間櫓、四間櫓、源乃進櫓、東十八間櫓、北十八間櫓、五間櫓、平櫓などがある。このとき熊本市は天守（１９６０年コンクリートで再建）の復興を優先し、２０２１年に天守の復旧は完了した。これから櫓群の解体や修復が行われるという。

天守は２０１９年秋に行われるラグビーワールドカップに間に合わせるために、早期復旧が自治体によって特別に決定されたと耳にしている。天守はコンクリートで復興されたものだから文化財指定は受けていない。とすれば最優先で復旧すべきは国の重要文化財である櫓群ではないだろうか。

城郭研究家の加藤理文は言う。

「熊本市は、地震からの復興がなったことを天守復元でアピールしたかったのでしょうね。天守を復興のシンボルとしたいという市長の考え、それを後押しする市民感情も解りますが、文化財の復旧の観点からは疑問ですね。先に復興すべきは、加藤清正の石垣であり、重要文化財の諸櫓だったと感じます」

石垣などの修復に取り組む熊本市の文化財関係者は「現場はそれぞれが複雑な事情を抱えて目的のために取り組んでいる」と口数少なく答えた。そこに復旧に汗を流す文化財担当者の胸に秘めた葛藤を感じた。

震災の年（２０１６）の12月に熊本市は「熊本城復旧基本方針」を発表し、全体の計画期間は約20年と算出したが、２０２２年に熊本市長から当初の期間よりさらに15年長くなると発表された。全国で有数の規模を誇る名城だけに、復旧は一筋縄では行かない。早くすべてが復興された熊本城を見届けたいものだ。

私はコンクリート造りの天守の復興も大事だが、それより重要文化財の櫓や門などが次々に復興するほうが市民に活力を与えるのではないかと思うが、いかがであろうか。

加速する観光化への動き

文化財を観光資源として使う動きは、２００６年の「観光立国推進基本法」からである。そこには将来の少子高齢化社会を懸念して、経済対策として観光が重要な役割を担うこと、日本経済の発展のために文化財を観光利用することが重要な課題であると、観光庁のホームページ（２０１０年）に書かれてある。

以降の歩みを箇条書きで記す。

- **２００６年**……「観光立国推進基本法」成立。
  観光立国の実現を国家戦略として位置づけ、その実現の推進を行う。観光が21世紀の日本の重要な政策として位置づけられた。国は国際競争力が強く魅力に満ちた観光地の形成、観光産業の国際競争力の強化などを定めた。
- **２００８年**……国土交通省内に「観光庁」が作られた。
- **２０１３年**……以後首相主宰の全閣僚による「観光立国推進閣僚会議」が開催される。

・２０１５年……国土交通大臣から、文化財を保護優先から観光客目線での活用を行いたいという発言が出た。
・２０１６年……「観光ビジョン実現プログラム２０１６――世界が訪れたくなる日本を目指して――」（平成28年5月　観光立国推進閣僚会議）で、〈従来の「保存を優先とする支援」から「地域の文化財を一体的に活用する取組への支援」に転換（優先支援枠の設定など）〉が記され、〈地方自治体等の文化財活用事業の支援に際し、観光客数などを指標に追加〉などが定められた。詳細は「観光ビジョンプログラム２０１６」ホームページ（https://www.mlit.go.jp/common/001131373.pdf）を参照。

観光庁が〈「明日の日本を支える観光ビジョン」――世界が訪れたくなる日本へ――概要」〉を国土交通省官公庁ホームページに発表。問い合わせ先は観光庁　観光戦略課となっている。そこには「『文化財』を『保存優先』から観光客目線での『理解促進』、そして『活用』へ」などの文言が見られる。

これらが２０１９年の文化財保護法改定に繋がってゆく。文化財保護法に詳しい東京都立大学名誉教授（考古学）の小野昭は言う。

「今回特異だと思うのは観光ですよ。外国から人を呼んで観光に力を入れることに対応するように変えられました。そこが今までの文化財保護法の改定と違う点です。バブル経済がはじけて、観光によって人を入れて儲けようということです。観光立国になること自体が経済的に退潮傾向にあることを示しています」

観光活用に合わせて、自治体の文化財担当部局の組織上の変更も認められた。

これまで多くの自治体では文化財担当部署は教育委員会の中に置かれていた。首長部局から離れ、教育委員会という独立した組織にあることで、自治体が開発重視、観光重視に走る中で文化財保護に懸念の動きがあるときには、反対意見を言いやすい立場にあった。しかし今回の改定で首長とともに文化財を活かして町づくりを行いやすくするために、首長部局への移管も可能となったことで、徐々に文化財担当部局は首長部局に置かれるようになっている。首長部局に取り込まれることで、行政の行きすぎた行為に対し、文化財保護を明確に主張しにくくなることが懸念される。

「朝日新聞」２０２０年９月18日の「文化財　保存・活用の両立図る」の記事によれば、文化財保護法改定後、文化財担当部署が首長部局に移ったのは、徳島県など10県・18市町と報告されている。

山梨学院大学名誉教授の椎名慎太郎は、伊場遺跡（静岡県浜松市）＊の保存運動に関わった行政法、文化法の専門家である。彼は言う。

「文化財担当部署の首長部局への移動も、いいようで悪いですね。教育委員会にいれば、文化財担当は独立性がある程度ありましたから、行政サイドが自由に動いても、これは文化財保護や文化のた

＊　伊場遺跡訴訟……伊場遺跡は弥生時代から平安時代にかけての複合遺跡で、弥生時代の環濠集落、奈良時代から平安時代にかけての地方官衙が戦後の調査で発見された。１９５４年３月、静岡県教育委員会は、伊場遺跡を県史跡に指定した。しかし、浜松駅高架化に伴う同駅前再開発・整備のため旧国鉄の電車区を移転すべき代替地として同遺跡を提供する必要が生じたので、静岡県教育委員会は１９７３年11月に指定を全面解除した。これに反対する地元の考古学研究団体らが指定解除処分の取消を求めて１９７４年に行政訴訟を起こしたが、１９８９年の最高裁判決では、学術研究者に訴える当事者資格はないと形式的に判断され、原告側の訴えは認められなかった。

めに「それはやれませんよ」と言えたのが、首長部局にあれば発言力が規制されやすくなり、観光利用で、遺跡の現状変更が大幅になされることがあっても、反対を言いにくいかもしれませんね。文化財の文化性は観光利用の開発と相容れない部分があるから心配ですね」

前述した２０２０年施行の「文化観光推進法（正式名称・文化観光拠点施設を中核とした地域における文化観光の推進に関する法律）」は、文化観光によって経済活性化を目指すもので、そのための拠点施設を認定して、国が支援するという法律である。

この法については〈特に民間主導による利益追求によって、等しい価値を有する人類の共有財産たる文化財の保存、活用の在り方に格差や不均衡が生じないよう、その運用を注視してゆく必要がある〉（「２０２１年度　文化財をめぐる情勢」「文全協ニュース　№２２９」２０２１．７，31）という指摘がある。

小野昭は言う。

「日本がなぜ観光で立国しなければならないのか。要するに産業構造やバブルがはじけて、経済を立て直そうということですね。しかし何ゆえに国が観光に立脚しなければいけないのか書かれていません。観光は重要だとありますが、場当たり的な対策としか見えません。そもそも大元になっている「観光立国推進基本法（２００６年）」には、観光立国の文化的基礎づけやユネスコなど国際組織との整合性の議論など全くありません」

文化財が資金源になれば、金を生み出すことのできる文化財が、学術的な価値以上に、高い評価を受けるという本末転倒な事態が生じる。

佐藤浩司（元北九州市芸術文化振興財団埋蔵文化財調査室長）は語る。

「観光目的や経済効果が先に来ると、必ず費用対効果を問われます。入館者数、売上額など数値化

される と、本来の目的である文化的活動の予算を切り詰めていいという判断も生じかねません。文化や歴史が根付くには時間がかかることを認識すべきですね」

2017年に地方創生担当大臣が「学芸員は観光マインドが全くなく一掃しないとだめ」と発言し、「一番のがんは学芸員」と言い切ったことがある(後に撤回)。しかし現状の自治体などの学芸員は、常態化した人員不足で、本来の仕事である保存、整備もままならず、過労死する者もいるほどの多忙さにある。

国は活用方針を打ち出すだけでなく、実現するためには実働部隊である現場にも目を注がなければならない。自治体の文化財専門職員(学芸員なども含む)の補填など、労働環境を整えることではじめて活用は可能になる。そこに観光が加わると一人の限界労働量を超えてしまうので、その土壌整備がまず必要なのである。

そう考えたとき、文化財の活用に経済の即効性を求めることは相当に無理があることに気づく。時間はかかるかもしれないが規制緩和で力を失った従来の基幹産業の復活に力を注いだほうが、文化財を利用する以上に、日本経済は根底から力を回復するのではないか。

天守も復興しやすくなった

天守の再建についても文化庁の規制が緩められた。天守は観光客にとって城のシンボルとも言える存在だ。天守のある城はそれだけで集客力が多くなる。ただ天守や建物の多くは明治6年(1873)のいわゆる「廃城令」で壊されてしまった。壊されなかった一部の天守も太平洋戦争の空襲で焼失した。

大坂城のように戦前に復元された天守もあるが、今ある天守の多くが戦後になって観光客誘致のために再建された。熊本城のように図面通りにコンクリートで再建されたケース（外観復興天守という）もあるが、本来天守は無かった城に突然天守が推定で建てられたり、かつて天守があったところと違った場所に再建されたりと、史実とは違う天守（模擬天守という）が見られた。

そのため文化庁は昭和40年代から建物の再建に規制をかけるようになり、史跡内での建造物の復元展示に際し、発掘調査による構造把握や、細かな状況がわかる指図、図面などの存在が確認できなければ、天守を復元するなど現状変更を認めていなかった。歴史建造物を作ることの重さを知っていたのである。

ところが今回の文化財保護法改定を受けて、基準が緩和されることになった。２０２０年４月17日文化審議会文化財分科会に「史跡等における歴史的建造物の復元等に関する基準」が出され、建物の復元というより「復元的整備」という目的で、資料が十分でなくても、復元と区別された形で、再建ができるようになった。

この基準に照らすと、これまで資料不足で、再建できなかった天守も建てることが可能になる。ただし、不明確な箇所は観光客に明示すること、遺跡の保存に十分に配慮すること、専門家の検証、経緯の明示などの手順や留意点も定めてある。その点は文化庁も、文化財を活かす趣旨を損なわないように釘を刺していることを指摘しておきたい。

ただ今後は観光誘致のため「復元的整備」の名目で天守を建てる動きが加速するだろう。

だからこそ城の魅力は天守以外にもあることを伝える必要がある。

彦根城は現存天守（国宝）の存在感が強いが、城郭研究者は、歴史的に味わいのある城下町や総構、櫓などにも目を向けてもらえればと願っている。彦根城は特別史跡で、天守以外にも附櫓《つけやぐら》及び多聞櫓の2棟は国宝に指定されている。さらに重要文化財として、西の丸三重櫓及び続櫓、太鼓門及び続櫓、馬屋、天秤櫓、佐和口多聞櫓がある。これだけの貴重な櫓が一つの城にあるのも珍しい。ある城郭研究者が話してくれた。

「天守はあるのは望ましいですが、功罪も大きいです。彦根城は天守がなければ、石垣や橋、西の丸三重櫓、土塁、堀にもっと目を向けてもらえると思います。たぶんこれらの価値を知っているのは彦根の人だけかもしれません。一般の観光客なら、天守に登って景色を楽しんで帰るだけです。ほかにもいい所が沢山あるのに残念なことだと思います」

彦根城は世界遺産登録を目指しており、1992年から暫定リストに掲載されている。しかし2023年7月に政府は世界遺産登録への推薦を見送ることを発表した。暫定リスト記載から30年以上経ち、その間に審査担当のユネスコ諮問機関の世界遺産の価値に対する考え方の多様化により、申請内容に課題があると指摘された。今年から試験的に始まる諮問機関の「事前評価制度」を活用して、彦根城は今後の方向性を検討すべきだとした。

世界遺産という観光システムの中に文化財は位置する。その中心に城は存在する。私たちは今後どのように城に向き合えばよいのだろうか。

じつは城が観光利用されるのは著者も賛成であるが、文化財としての保存の諸条件を満たした上で、という前提があってという条件がつく。それは、城の保存、整備が十分になされた上で、歴史遺産を一般の人々にも広く開くための観光活用であって欲しいということだ。観光が先ではない。

浜松城発掘現場。来訪者に何を調査しているのかを示す配慮がされている。

望ましい活用とは

２０２１年秋に浜松城（静岡県浜松市）を訪れた。このとき二の丸部分が発掘調査されていた。土曜日だったので、調査自体は休みであったが、調査地区を取り囲むフェンスには発掘速報のプリントが貼られ、そこで何を調査しているのか一般の人にもわかるように配慮されていた。発掘現場では、トレンチ（試掘）の傍に「堀跡」「井戸跡」と大きな看板が置かれ、外から見た人にも、このトレンチから何が出土したのか、何を掘っているのか、具体的な場所と共に一目でわかるように説明されていた。

このような工夫によって、何気なく通りかかった人に、発掘へ興味を持ってもらうことになる。広く一般の人に発掘風景を知ってもらう取り組みも活用のひとつになる。これまで城跡を含めて遺跡の調査は、フェンスなどで覆われ、一般の人は中に入れず、説明も受けることがなく、発掘は人々に馴染の薄いものだった。発掘が一般の人の目に触れることで、文化財への愛着が生まれる。それは郷土を愛するという行為に繋がる。文化財は研究者の占有物から離れ、市民に愛されることで、保護され未来に伝えられてゆくものだ。

「文化財保護法」改定による活用は、その目的が「観光」であるにしろ、正しく活用されるならば、多くの人々に歴史への関心を持たせ、歴史を現地で学ぶ機会を提供することになるだろう。

文化財保護法改定をきっかけに、観光の定義を改めて考えてみるのもよいことだ。観光という言葉は、中国の四書五経のひとつ「易経」に「観国之光」と記され、これが観光の語源になっている。それは国の光を観るという意味で、「国の文化、政治、風俗をよく観察すること」、「国の風光・文物を外部の人々に示すこと」に通じている。両者に共通するのはそこには学び、理解するという行為が重きをなしている点である。

観光の原点に立ち返って、望ましい文化財の観光活用を考えることが大切になる。

近年地方の市や町は疲弊している。町の中心部にある商店街がシャッター通りになり、人々の姿は見ることはできない。追い打ちをかけるように新型コロナウイルスの感染拡大で地方は経済的に打撃を受けた。過疎化された地域に勇気や活気を与えるような文化財の活用はないだろうか。とくに城は地域や市民の強いアイデンティティとなりうる。城を有効に活かすことで、日本が再び立ち上がれるような状況が見えてくるかもしれない。

本書では、城をテーマとして、地域とともにあり、地域を活かし、訪れた人が歴史を好きになる城の味わい方を探りたいと考えている。

序章　そもそも「城」とは何なのか？

城とは何か考えてみよう

観光の目玉となる城は、国内外から多くの人が訪れる。よほど歴史が好きな人を除いて、城といえば天守を連想する方がほとんどだと思う。それほど天守はインパクトが強いし、地域のランドマークになる。しかし本格的な天守が出現したのは、織田信長が築城した安土城以降からで、それまで日本の城には天守はなかった。天守や石垣を持たない山の頂上を中心に作られた山城の時代が長く続いた。山城は土の城で、私たちが観光などで訪れる近世の城とはだいぶ違ったものである。そこにも私たちの知らない城の魅力がたくさん秘められている。

まず、城とはどのようなものかを検証したい。

城の定義は、『歴史散歩辞典』（山川出版社）には、〈城とは軍事目的をもって築かれた防御施設のことである〉（p192）と書かれてある。キーワードは「軍事性」である。そこに付随するのは戦であり、戦争のための施設であることだ。

これまでは鎌倉時代に見られる武士の館が城の原初的な形ではないかと言われていた。歴史の教科書でよく知られている『一遍上人絵伝』にある筑前国の武士の館には四角形の館を取り囲むように板で作られた塀があり、門の上には人が立てる場所を作り、物見の意味を持たせてある。ふつうは館の周りに河川から水を引いて堀が巡らされていた。館の周囲を「土塁《どるい》」（土を高く積んで作った防御施設）

で囲むこともある。かつては武士の館は城に繋がるものと思われていた。堀、物見台、土塁、城と似た要素があったからである。これらは現在「方形居館《ほうけいきょかん》」もしくは「方形館《ほうけいかん》」と呼ばれ、後の城へと発展してゆくものと長らく考えられていた。だが現在ではそのように考える人は少ない。

東京都歴史文化財団江戸東京博物館学芸員の齋藤慎一の『中世武士の城』によれば、筑前国の武士の館に〈軍事的な視点のみで堀や櫓の存在することに躊躇を覚える。そもそも描かれた程度の防備で籠城は可能であろうか〉（p66）と疑問を投げかける。

そのため鎌倉の方形居館から戦国時代の城に繋がるというイメージはできないという見方が主流になっている。

城郭研究者の加藤理文も同じ見方を示す。

「城の初源は南北朝の城だと思っています。南北朝の戦いで武士は城に籠りますが、後の城の原点になります。方形居館がそのまま平城に行くことはないと思います。戦闘の時、館に籠って戦うのではなく、外で戦いますからね。方形居館に入る人はあそこで戦争をしようと考えてはいません」

しかも中世には武士がふだん住む「居館」（方形居館）を平地に作り、戦のときは山に城郭（山城）を築いた。武士は二つの機能を持つ施設を作っていたのである。

15世紀中ごろまでは城郭は戦争を行う非日常的な軍事構築物で、戦争で使うから本来はあってはならないものと忌避されたようだ。そのため戦が起これば、臨時に城郭を築き、戦争が終われば壊された。

城郭研究家の中井均（滋賀県立大学名誉教授）もこう述べる。

〈南北朝時代の山城は、立て籠ることを重視した城郭であり、恒常的なものではなく、極めて臨時的な施設であった。このため、合戦が終わると使われなくなる場合が多い。…南北朝時代の山城の大半は、戦闘行為が終われば使われなくなる、極めて臨時的な施設であった。〉（中井均『城館調査の手引き』）

それが一変するのは応仁の乱（1467年―1477年）からである。城が臨時的な構造物ではなくて、戦いが終わっても破棄されず、住む場にもなり、日常化した場になった。ただ山城は高く、生活するには不便なので、戦国時代の中頃までは麓にも居館を作り、平時には麓に住んでいたようだ。

たとえば滋賀県の小谷城は戦国時代の浅井氏の居城であるが、標高300メートルから400メートルの尾根に本丸や大広間、京極丸、山王丸などの大きな曲輪が築かれた。御殿建築が山上にあったと想定され、生活の場だったことが証明されている。その一方で山麓の清水谷にも平時に住む御屋敷跡が置かれていたと言われる。

やがて戦国時代も進むと、戦の現状に対応するため次第に山城が発展して、居館を取り込み一体化していった。この時代あたりから住居と軍事施設がひとつとなった城の始まりがあるように思われる。

山城の特徴

戦乱の時代には、城は戦いの場だったので、戦うための要素をあちこちに張り巡らせ、その防御方法、攻撃方法を発展させた。その多くは、自然の地形を上手く利用し、高い山上に築かれたので山城と呼ばれている。地形が険しく守りやすい場所が立地に選ばれた（天然の要害という）。近くに河川があれば天然の堀として機能もする。また山城に限らず、城は領国経営の便利さから交通の要衝に作られた。

戦国時代に存在した福井県と滋賀県に渡る玄蕃尾城《げんばおじょう》を例にとって山城の構造を述べてみたい。

搦手曲輪西側土塁（敦賀市教育委員会提供）

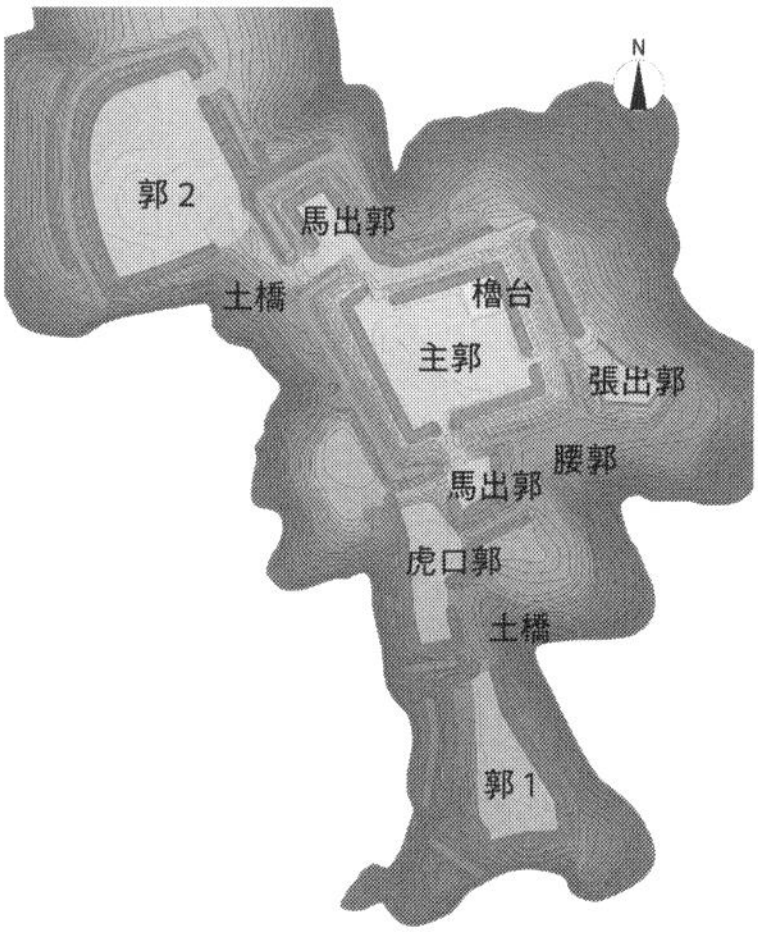

玄蕃尾城平面図（敦賀市教育委員会提供）

薬研堀（玄蕃尾城）

郭（玄蕃尾城）。一つの独立した地形を持つ。

空堀（玄蕃尾城）

玄蕃尾城は天正11年（１５８３）に織田信長の重臣柴田勝家によって築かれた標高約４３０メートルの尾根上に築かれた「陣城《じんじろ》」である。陣城というのは戦のために作られた城だが、この城は秀吉との賤ヶ岳合戦のために作られた。しかし実際には戦闘に遭遇しなかったので、城が手つかずのまま今日まで残り、山城の要素を十分に見ることができる。

そのため玄蕃尾城は全国屈指の良好な保存状態で残っている。山城を説明するのにこれほどの好例はない。山城は自然地形を活かしながらも、人工的な手を入れている点に特徴がある。城の平面図を「縄張《なわば》り」という。縄張りから、城の構造を見ていきたい。

城は中尾山の尾根上にあり、主郭を中心に14カ所以上の郭からなる。目を引くのが郭である。「郭《くるわ》」は、「曲輪《くるわ》」とも言う。ただし、厳密に言えば、郭は平垣面の外縁にめぐる土塁などの防衛施設のことで、曲輪はその防衛施設に守られた内部のことである。周囲を「土塁《どるい》」という土の壁で覆われた防御施設に守られた平坦な空間である（後に石垣に発展する）。城の中にいくつかの郭が作られ、主要なものを「主郭《しゅかく》」という。ここには城主のいる司令部となり、重要な任務を担う武将がいた。食糧を保存する蔵、兵たちの食事をする台所が置かれた。城の中枢部である。

他の郭は、城のそれぞれの要所で、兵隊が布陣し、防御のためにある。郭を囲む土塁は1メートルの高さがあり、その手前は深さ1メートルほどの堀でV字型（「薬研堀《やげんほり》」という）に急角度で掘られている。幅は5メートルから7メートルある。この時期の堀は山城なので水はなく、「空堀《からぼり》」と呼ばれる。水が入ってくるのは近世になって城が平地に作られてからである。

この堀と城の入り口を結ぶものが「土橋《どばし》」である。土で作られた橋だが、敵は木の橋と違って燃やすことができないので必ず主要な郭には作られた。

堀切（玄蕃尾城）

また主郭を守るために出入り口はわざと折れ曲がった通路となっている。これを「食い違い虎口《こぐち》」という。「虎口《こぐち》」（小口ともいう）というのは郭の入り口を指す。虎口は郭への大事な出入り口だから、さらに防御するために虎口の外に小さな曲輪を作って堀で囲む。これを「馬出し《うまだし》」という。城を守る側からすれば、馬出しに兵が隠れて、突然攻めることが可能になる。

尾根上に複数の郭を築くと、敵方が尾根に沿って攻めてくるので、郭と郭の間に「堀切《ほりきり》」と言って、尾根を切断して移動を防ぐ仕組みがある。通常は木で作った橋の「木橋《きばし》」で繋いでいるが、戦の折には、橋を落として敵の侵入を防ぐ。

また「切岸《きりぎし》」と言って、山城の斜面を急角度に削って敵が登れないようにしたり、土塁などで断崖を作るケースもある。

曲輪についても、さらに手の込んだ工夫がなされる。主要な曲輪を守るために外側を曲輪でさらに囲むケースもある。これらを「帯曲輪《おびくるわ》」「腰曲輪《こしくるわ》」という。ちょうど人間の体を城に例えると、腰の部分に曲輪が巻かれた形になる。主要な曲輪を二重に囲むことで、守りを厳重にする意図がある。

これらが中世期の城の特徴だが、これらが革新的に構造を変えるのは、織田信長の安土城の出現によってである。天守と石垣を備え、城郭は近世の城へと大きく発展を遂げることになる。

近世城郭の特徴

安土城は天正4年（1576）に築かれたが、この城はこれまでの山城と明らかに一線を画している。まず石垣が使われ、瓦葺きの建物が建てられ、そして天守が作られたことである。安土城以後の城は、上記の三つの要素を満たしたものに変貌してゆく。以後このようなスタイルで作られた城を「織豊系城郭《しょくほうけいじょうかく》」と呼ぶ。

しかし突然変異的に安土城が登場したわけではなく、織田信長の中で安土城を作るまでの過程で移行していったようだ。

石垣のある城は安土城で昇華された感があるが、戦国大名は15世紀後半から、美濃、近江の城を中心に、城の中で部分的に石垣を使用していた。

北近江では鎌刃城《かまはじょう》（滋賀県米原市・標高384メートル）、小谷城（同長浜市・標高495メートル）、南近江では観音寺城（同近江八幡市・標高432メートル）の山城が、安土城以前に石垣を使ったことで知られている。

鎌刃城は15世紀半ば以降に作られたと推測され（成立年代は不明）、主郭の周囲すべてには高さ4メートルの高石垣が作られていた。また主郭の北辺、北端曲輪からも石垣が見つかっており、戦国時代にいち早く石垣を使用した城として知られる。

小谷城も16世紀前半に作られたと推測されるが、城主浅井長政の時代には本丸や山王丸に巨石を使った石垣が見られる。観音寺城は16世紀半ばには城主の六角氏が石垣の「普請《ふしん》」（建築、修理すること）を命じている。その数は500カ所を超える。

ちょうど中世城郭から近世城郭への過渡期である。安土城よりも4年ほど早く作られた信長の家臣、

布積・切込接（大坂城石垣）

算木積み（松江城）

野面積（観音寺城）

打込接（盛岡城）

明智光秀の居城、坂本城からも石垣が見つかっている。

信長は本格的な石垣の城を志向していたらしく、その集大成が標高199メートルに築かれた安土城だった。とくに秀逸なのが城郭の殆どを石垣で守る「総石垣」である。信長は天下統一を目指していたから、力を誇示するために見せる城、とくに天守、高い石垣、櫓に力点がおかれた。

安土城の石垣は、比叡山の配下にある穴太衆《あのうしゅう》という寺院を受け持った石工集団が関わったと言われる。ただ信長は自身でも石垣専門の工人も多く持っていたようだ。

石垣も時代が進むと積み方が進化する。以下にその積み方を紹介しよう。

○乱積《らんづみ》と布積《ぬのづみ》

乱積は、大きさの違う石を組み合わせて築く。布積は、同じ大きさの石を横方向に一列に並べる方法。

○野面積《のづらづみ》・打込接《うちこみはぎ》・切込接《きりこみはぎ》

野面積は、自然石をそのまま積み上げる方法で、崩れやすく高く積むことができない。打込接は石と石の接合する部分を平らに加工し、隙間に小石を入れて固定する。野面積よりは高く築ける。16世紀末から広く使用された。切込接は石の接合部をきれいに切って合わせる方法で、高く積み上げることができる。関ヶ原以後から徐々に見られ、江戸時代に多く使われた。

石垣の角の部分は「算木積《さんぎづみ》」と言って、石の長辺と短辺を交互に組み合わせて、さらに固定する方法がとられた。

また近世城郭は、大名たちが平地（「平城」と呼ぶ）かあるいは平地にある低い山（「平山城」と呼ぶ）に城を築いた。前者の代表格が名古屋城、後者が彦根城である。城が海や湖に面したものを「水城」

といい、海運を利用した城下町を作った。高松城、宇和島城などが該当する。

しかし石垣が使われ、天守が作られるようになっても、山城をそのまま近世城郭として使用したケースもある。豊臣政権までは、石田三成の居城、佐和山城のように、前の城主が使った山城を改修して使ったケースもある。山頂部にある本丸には、天守や櫓、石垣が見られるが、その他は山城の防御施設を活かしており、近世期の城郭への移行期間とも言える。同じようなケースに豊臣政権下の五奉行、長束正家の水口《みなくち》岡山城もある。この城も山頂の本丸部分のみ櫓や石垣が見られ、後は山城の構造と同じである。まだ戦乱の世が完全に終わっておらず、戦闘に優れた山城を活かした城はよく見られていた。

城が平地に移り、近世城郭となるのは、天下が平定された江戸時代に入ってからである。佐和山城は、関ヶ原の合戦の後、徳川家康の信頼が篤い井伊直政の領地となった。やがて井伊氏は佐和山城を廃城にして、より政務を行いやすい低地の彦根城を築城し、そこに移ることになる。

天守のある郭を「本丸」、さらに「二の丸」、「三の丸」の郭が囲む。これらの郭が縦や横に並ぶこともあり、他の郭で本丸を守る構造になっている。本丸には天守があるが、城主は登ることはなく、「本丸御殿」で政務を執った。天守に住んだのは、安土城にいた織田信長だけと言われ、豊臣秀吉も大坂城天守に住むことはなかった。通常天守は倉庫のような空き家になっていた。

天守は権威の象徴に過ぎなくなり、江戸時代になると、天守が火事などで焼失しても再建されないケースもあった。江戸城がその筆頭だが、天守台は作られても予算の関係のためか、赤穂城、明石城、丹波篠山城などのように天守が作られなかった城もある。

「櫓《やぐら》」はふだんは武器の倉庫だが、矢や鉄砲を発射するための近世城郭の櫓は、天守に比べ安い費用で作られ、耐用年数も短い。
櫓は下記の種類がある。
○櫓門
城門の上に築かれた櫓で、門から攻める敵を攻撃するためのもの。
○隅櫓
石垣の隅に建てられるので、左右二方向を監視することができる。
○高櫓
隅櫓などに使われる櫓で、二重、三重の屋根を持ち、高所から広く見渡すことができる。三重の櫓は、天守を持たない城では、弘前城のように天守代用になることもあった。
○平櫓
一階建てで低いので、物見の役目よりも、石垣のように横に長く伸びた形で作られる。天守や高櫓などに繋がって作られる。横に長く伸びた平櫓は「多聞櫓《たもんやぐら》」といい、石垣の上にさらに防御建築が作られることになる。

また門は、虎口に設けられるが、城の正面にあるものを「大手門（追手門）」、裏門を「搦手門《からてもん》」という。また近世城郭には、虎口に「枡形《ますがた》」と言われる構造が登場する。虎口は屈曲させてそのまま入ることができない仕組みになっているが、枡形はさらに発展させ、石垣などで郭の入り口に四角形の広場を設ける。ちょうど敵方は閉じ込められた形になり、石垣や櫓の上から城方は敵を攻撃できるようになっている。

近世城郭では平地にあるため、川から水を引くか流れを変えて、「水堀」を作る。以前からの「空堀」も存在した。また織豊系城郭には、「惣構《そうがまえ》」といい、家臣の住居を堀や石垣、土塁などで囲み、城下町と城を一体化した作りが見られるようになる。城下町を城に取り込むことで、町を敵から守り、領国経営を円滑に運営するためのものである。大坂城をはじめ、この時期の城に多く見られる。ヨーロッパの中世の城のように、館を城壁で囲む構造と同じである。惣構を歩くことで、城の防衛ラインと城域の広さを確認することができる。

天守はいつ始まったか

天守はいつ出現したのだろうか。天守という語源は、キリスト教のイエス・キリストをさす「天主」、物見をして城や主殿を守る「殿守」「殿主」、仏教の帝釈天が須弥山で天部を催したという須弥山の姿に由来する「天主」という説など様々である。天守閣は俗語である。

本格的な天守の出現は、織田信長が築城した安土城（滋賀県安土町）だが、天守は5重6階（6重7階説などもあり）、地下1階の天守を築いた。天守台と合わせた高さはおよそ53メートル（天守のみだとおよそ32メートル）で、これまでには見られなかった空前の高層建築だった。

安土城の天守の姿については諸説があるが、金箔瓦を使った「望楼型天守《ぼうろうがた》」と言われている。望楼というのは物見の建物で、安土城は八角形の望楼で、最上階は金色、下の階は朱色で塗られ、室内は黒塗りで豪華な障壁画が飾られていたと言われるが、決定的な証拠はない。望楼型天守は、天守ができた初期に見られ、姫路城、彦根城、犬山城、松本城、松江城などに見られる。

信長は天正元年（1573）に室町幕府将軍の足利義昭を追放し、同3年には長篠の合戦で武田氏に勝った。天下統一も視野に入った信長にとって、京に近く、琵琶湖の水運も利用できる安土はメリットがあった。そこに壮大な城、それも今までになかった総石垣、天守を持った城を築くことで、自分が天下人という印象を誇示したかったのだろう。

この城の存在に多くの人々は目を奪われたことは疑いがない。もっとも絢爛豪華な城も天正10年（1582）の明智光秀の本能寺の変、秀吉が光秀を敗走させた山崎の合戦の後に、火災によって灰塵に帰した。わずか3年ほどの存在に過ぎなかった。現在安土城には、天守台の跡に礎石の配列が残っている。

ところが安土城以前に天守があったという記述も見える。その最初に出てくるのが、『国賢卿記』にある旧二条城である。足利義昭のために信長が作った城である。これは現在の二条城ではなく、場所も違い、京都市上京区にあり、二条御所とも呼ばれた。義昭の兄13代将軍の義輝の御所を拡大したものである。当時信長は、足利義昭の最大の協力者でもあり、信長の力もあって、義昭は室町幕府15代将軍に就くことができた。

義昭は信長に対して、「室町殿御父」の称号を与えていたこと、信長に宛てた10月24日の感状では、「御父織田弾正忠（信長）殿」と宛て名を記すなど、両者の緊密ぶりがうかがわれる。そういう中で建てられたのが、旧二条城であった。

旧二条城は、元亀2年（1571）に作られ、約400メートル四方の敷地に石垣があり、二重の堀、三重の天守、金箔瓦の使用も見られた。信長自身が陣頭指揮を執って普請を行った。だが義昭と信長の関係は悪化し、義昭は畿内から追放され、室町幕府は終わる。その後信長は天守など建物の取り壊しを行い、石垣も略奪し堀も埋められた。

天守や門は解体され安土城の築城に使われたと言われる。現在城跡は何も残っていない。

その次に出てくるのが元亀3年に作られた坂本城である。『兼見卿記』の同年12月24日の吉田兼見の記述に、〈明智見廻の為、坂本に下向、杉原十帖、包丁刀一、持参了、城中天守作事以下悉く披見也、驚目了〉とある。石垣もあった城だったらしい。吉田兼見の記述には、天正10年（1582）正月20日条に〈於小天主有茶湯・夕湌之儀。種々雑談、一段機嫌也〉とあり、小天守で茶の湯を行い、夕食をし、雑談をしたという記録である。

これらの記述から、坂本城は大天守と小天守を持っていたことになる。琵琶湖畔に面した水城であるこの城がいかに優美だったか、ルイス・フロイスの『日本史』に詳しい。

〈…大湖のほとりにある坂本と呼ばれる地に、邸宅と城砦を築いたが、それは日本人にとって豪壮華麗なもので、信長が安土山に建てたものに次ぎ、この明智の城ほど有名なものは天下にない〉

当時岐阜城にいた信長にとって坂本城は、敵対する比叡山への備え、京へ行く行路を確保するという目的があった。ただし具体的な構造は記されていないので、どの程度のものかは推測するしかない。

フロイスが絶賛した坂本城も、呆気なく消えてしまう。天正10年の本能寺の変の後、坂本城は、丹羽長秀が居城とし、再建したが、秀吉が大坂城を作ると、水運に便利な大津に城を移すことになった。天正14（1586）年に廃城になった。

次に出てくるのが、元亀4年3月の高槻城（大阪府高槻市）、同年11月の若江城（大阪府東大阪市）である。

高槻城は、『兼見卿記』（元亀4年3月11日条）に、〈和太引籠天主也〉とある。高槻城主の和田惟政は高槻城の改修を進めて、天主（天守）を作ったと言われている。

若江城については『信長公記』に、天正元年（1573）に起こった若江城の戦いの記述がある。若江城主は三好義継で、京を信長によって追放された足利義昭を城に匿ったため、織田軍に攻められて、彼は天守で自害している。足利義昭は城下を脱出した。高槻城も若江城もどのような天守であったのか、何層あったのかなどはわからない。

松永久秀が城主の多聞山城（奈良県）にも天守を思わせる記述がある。宣教師のルイス・デ・アルメイダは松永久秀の招待を受けて多聞山城の見学をした。永禄8年（1565）10月25日付の書簡だが、これはルイス・フロイスの『日本史』にも引用されている。

〈数階にして、我国風の良き窓格子あり。此等の家は塀及び塔と共に今日まで基督教国に於て見たること無き甚だ白く光沢ある壁を塗りたり。…家及び塔は予が嘗て見たる中の最も良き種々の形あり……〉（ルイス・フロイス「日本史」）。

瓦も使われ、漆喰で白く輝く壁、「塔」という言葉から、そこから天守が連想され高層建築物があったことは確かなようであるが、天守と言えるかは疑問が残る。多聞山城は天正元年（1573）に織田信長へ引き渡されているので、この櫓は松永久秀が作ったというより、織田信長が関与して作った可能性がある。この櫓は安土城に持って行かれたという。

高槻市教育委員会（取材当時）の中西裕樹は語る。

「この時期の明智光秀をどう見るかなのですが、高槻城主の和田惟政も若江城主の三好義継は足利義昭の家臣です。義昭周辺の武将の城に「天主」が作られています。これらの先例をふまえ、信長の安土城の天守を考える必要があります。また多聞城は、初めて城郭専用の瓦を焼いたと言われていま

登り石垣（鳥取城）。嘉永２年（1849年）に築かれ、幕末のもので珍しい。

す。信長はこれらの真新しい技術も上手く集めて形にして、安土城に取り入れたのでしょう。安土城の総てが信長のオリジナルではなかったと思います」

当初信長と義昭は緊密な関係にあって、協力し合う関係にあった。

天守出現前史と呼べるような時期に、信長の斬新な視点で、石垣、天守など新しい技術を信長に近い人々の城にくまなく活かし、その成果を結実させたのが安土城だった。なお、江戸時代にはすべての大名が城を持つことができたわけではない。ふつう３万石以下の大名は城を持つことが許されず、大きな門を持った屋敷が藩庁として機能した。これを「陣屋《じんや》」という。

朝鮮出兵と肥前名護屋城

もう一つ、豊臣秀吉の朝鮮出兵が築城に影響を与えたことも記したい。秀吉による朝鮮出兵は文禄の役（１５９２年—１５９３年）と慶長の役（１５９７年—１５９８年）の二度にわたる。秀吉は15万あまりの大軍を朝鮮に送り、出兵拠点の城として佐賀県唐津市に築いたのが肥前名護屋城である。朝鮮出兵が行われた７年間、秀吉をはじめ、全国の大名が集結した。その城の規模は大坂城に継ぐほどの大きさである。このときこの城には約20万人の人がいたという。

二度の戦いで、日本軍は朝鮮義兵の激しい抵抗を受けて苦戦したが、大名たちは半島南部を死守するために「倭城《わじょう》」という日本の城を築城して戦った。とくに朝鮮の水軍の将、李舜臣に日本は苦しめられたので、港湾は絶対に死守しなければならなかった。大名は港湾の近くの山に倭城を作ったが、このとき取り入れられた手法が「登《のぼ》り石垣《いしがき》」である。

港湾から山頂の本丸まで、下から伸びた二本の登り石垣が作られ、長いものだと数百メートルに達した。これは敵方の横移動を防ぐための石垣である。

熊川《ウンチョン》倭城（韓国・昌原市鎮海区南門洞）は南北に登り石垣が築かれたが、上杉景勝が担当したと言われている。本丸の北側の登り石垣は６００メートル、南側が４００メートルに達した。

これらの手法を、朝鮮出兵した大名たちは帰国後、自国の城にも取り入れた。関ヶ原以降の城に、「登り石垣」が使われ、伊予松山城、淡路洲本城、彦根城、米子城、但馬竹田城などに見られる。

廃城令とリサイクル

明治維新を迎えて多くの城はどのような運命を辿ったのだろうか。廃藩置県が実施され、城は兵部省の所轄となったが、存続していた。多くが破却されたのは、明治6年（１８７３）に太政官から出された「廃城令」であると言われる。これは正式には「全国城郭存廃ノ処分並兵営地等撰定方」といい、これが一般に「廃城令」と言われるものである。

これには二つの法令があって、太政官から陸軍省に通達された全国の城郭陣屋の存廃を決めて、存続した城は陸軍が軍用として使用するもの。軍用地として利用するならば、石垣や建物、門などはそのまま使ってもかまわない。ただし兵営地として利用するために、建物を壊して堀を埋めることもあるし、建物を壊して敷地を確保するケースもあって、利用方法はさまざまだ。その中で、そのまま天守などが残ることもあった。

同じく大蔵省に通達されたものは、大蔵省に城郭陣屋の存廃を決め、廃止の城は売却用財産として処分し、大蔵省が処分するというものだった。大蔵省の普通財産となった城は、学校や公共団体の用地として売却された。建物（天守、櫓、門、御殿など）は、民間に競売の上、売却された。

明治維新のとき全国に193の城、127の陣屋、20の要塞があったという（森山英一『明治維新・廃城一覧』）。このとき各藩の城は、財政悪化もあって、補修もままならず、荒れたまま放置されていた。そんな中明治6年の上記の法律が出された。

ただし、松本城や姫路城、名古屋城などといったいくつかの天守は、解体されることを惜しむ民間人の尽力により残された。

城跡には学校が建てられることも多く、殆どが戦前の旧制一中、旧制二中といった都道府県を代表する名門校となった。

軍隊、学校のほかに城跡に置かれたのが、官庁である。福井城跡には福井県庁や福井県警がある。これらの事例から滋賀県立大学名誉教授の中井均は解説する。

「明治以降の城跡の歴史を無視してはいけないと思います。江戸時代は約260年、明治から今まで約150年です。明治以降の城跡の歴史をどう考えるか、地域の核として城跡はどう使われたのかを考えることも大事だと思います。城跡に軍隊や学校を置くか、城跡を公園にすることがなされています。明治以降の城跡も考えないと歴史の重層性は語れません。城の本質ではないかもしれませんが、城跡としての本質だと思います」

これらの城の歴史、城跡の歴史をふまえ、今後どう活用すべきだろうか。近年名古屋城を木造で復元する動きが注目を集めているが、石垣への悪影響も懸念されている。果たして天守再建は本当に必要なものなのだろうか。

中井の回答ははっきりしていた。

「僕は城の設計図があっても天守は復興する必要はないと思います。例えば鉄筋コンクリートはダメだけど、木造で建てたらいいという考えがありますが、それよりもスタートラインを戻して天守を建てるのが正しいか、正しくないかから議論する必要があります。確かに天守のある城が存在したのは江戸時代ですが、明治以降は城跡としての歴史がある。明治、大正、昭和の時代を無視せず、これらを含めて城跡として大事にすべきです」

その意味で名古屋城の明治以後の歴史も無視はできない。名古屋城には戦前まで天守と本丸御殿が残っていた。これらの建物は国宝で、城郭としては国宝第一号だった。しかし1945年5月の名古屋大空襲で大天守、小天守、本丸御殿、東北隅櫓、正門、金鯱などが焼失してしまった。とくに本丸御殿は二条城と双璧をなすものだった。2018年に本丸御殿は再建され、一般公開も始まったが、逆に再建せず「ない」という状態のままであることにも意味があると中井は言う。

「戦争という愚かな行為で本丸御殿は無くなってしまった。だから、ないということを知らしめるためにも作ってはいけなかったのではないかと思います」

戦争の惨禍を免れなかったという暗黒の歴史が城にもあったことを知ってもらうのも、歴史を学ぶ、城の活用にならないだろうか。

今回、多くの城郭研究者、文化財専門職員に取材して印象深く感じたのが、みな総じて石垣の重要性を力説していた点である。石垣こそが近世城郭の特色ともいえる。再び中井は語る。

「石垣は近世城郭を構成する本質的な要素の一つですから、石垣が残っていることは、建物が残っているのと一緒です。だからすごいことなんです。城は天守というイメージは明治以降に作り上げられたのかもしれませんね」

金沢城も天守はないが、早くから石垣のパンフレットを作った。慶長、元和、寛永、幕末など年代の違う10種類以上の石垣があって、その時代の石垣がどこにあるか、パンフレットでわかるようにしてある。時代によって積み方の違う石垣を見て回る楽しさがある。近年は岡崎城や富山城でも石垣のパンフレットが作られ、市民ツアーが組まれている。今まで日の当たらない石垣を知ることで、新しい城の魅力を探ることになる。

復興する城

明治以前からの天守が現存する城は12ある。

弘前城（1810年・青森県弘前市）、松本城（1615年・長野県松本市）、犬山城（1601年・愛知県犬山市）、丸岡城（寛永年間・福井県坂井市）、彦根城（1606年・滋賀県彦根市）、姫路城（兵庫県姫路市）、備中松山城（1683年・岡山県高梁市）、松江城（1607年・島根県松江市）、丸亀城（1660年・香川県丸亀市）、伊予松山城（1850年・愛媛県松山市）、宇和島城（1665年・愛媛県宇和島城）高知城（1747年・高知県高知市）である。

昭和前半期まで残った天守もある。広島城（広島市）、福山城（広島県福山市）、岡山城（岡山市）、和歌山城（和歌山市）、大垣城（岐阜県大垣市）、名古屋城（名古屋市）の六つである。しかし太平洋戦争の空襲で焼失した。また福山城（北海道松前市）天守は、1949年に失火で焼失した。岡山城と広島城は関ヶ原以前の天守だった。

そして天守の再建に関しては、明治時代に多くの城が壊されたが、天守を再建する動きも早くも明治末には出てきた。明治43年（1910）には岐阜城が観光用で再建された。ただし、史料がないために何をモデルにしたのか不明である。

1928年に御大典という昭和天皇の即位式が行われたが、それを記念して大坂城の天守を再建することが決まり（大坂城公園整備）、1931年に天守が再建された。モデルは豊臣時代のものである。ただし、ここで加藤理文氏の指摘をあげておきたい。

そこでは、城に文化財としての価値を求めるとか、研究対象にするとかいうことは微塵も考えられていなかった。……昭和四年に公布された文化財を保護・保存するための「国宝保存法」で、八百四十五件（千八十一棟）の建造物が認定されたが、そこに城郭は一件も含まれていなかった。城は、文化財として認められる世ではなかったのである。

（加藤理文『日本から城が消える』p47）

城が国宝として認められたのは、昭和期前半に国宝の指定対象が大きく緩和されてからであるという。このとき名古屋城、姫路城、岡山城、広島城、福山城などが国宝指定された。

その後、1933年に郡上八幡城（岐阜県郡上市）、1935年伊賀上野城（三重県伊賀市）が再建された。

戦後になると天守の復興ブームが起こる。天守を復興することで市や町のシンボルとして城を活用する、観光資源とするなど目的は様々であった。

その中で「模擬天守」も多く作られた。天守が存在しなかったのに天守を建てたもの（富山城、唐津城、平戸城、中津城、戦前だが伊賀上野城など）、本来天守のあった場所でなく、別の場所に建てられたもの（伏見桃山城、清洲城など）、あとは図面や資料に乏しく想像で建てられた天守もある。

戦争や災害による消失から図面等で外観を忠実に復元する「外観復元天守」には、熊本城、名古屋城、会津若松城などがある。近年は図面をもとに木造で再建する例（掛川城、愛媛県大洲城）もある。

もうひとつの城を巡る物語

私事になるが、私は高校時代に考古学部に入り、学校裏手にある宇土城跡を市の文化財担当者のもとで発掘した。肥後の領国を加藤清正と二分し、豊臣秀吉子飼いのキリシタン大名だった小西行長の居城である。石高は約17万石で、石垣に囲まれた熊本城よりもいち早く壮大な天守が建てられていた。しかし行長は関ヶ原の合戦で西軍に属したため、捕らえられて京の六条河原で斬首された。この地は清正の領地となり、後にこの城は廃城になった。

私が初めて見た宇土城は無残という表現しかなかった。石垣はほんの一部を除いて剥ぎ取られ、本丸は雑草や木の生い茂る荒れ果てた小山になっていた。高校から城に登る道も幅1メートルにも満たないあぜ道しかなかった。夏になれば膝近くある雑草をかき分けて登る。発掘中に何度もマムシに遭遇した。

城は高校の構内にあったのだが、興味を持つ生徒も殆どおらず、市民からも忘れさられた廃城であった。しかし調査の後に一人で本丸に立ち、有明海の方向を見て、小西行長の思いをくみ取ってみようとした。彼は領地を出身地の堺のように世界に向けた貿易都市にしたいと思っていたのだろう。彼の目は遠くヨーロッパを意識していたにちがいない。そのとき行長の壮大な夢を思いやることで、彼の胸中に触れた思いがした。

もはや土の山と変わり果てた城の草むらの道のなかでわずか2メートル代の小さな石垣を見たとき、この小さな石の壁から、総石垣の城を思った。

行長は敗軍の将として、幕府によって極悪人の扱いを受け、キリシタンであるが故に多くの寺社を焼いた人物として扱われ、県内での評判はすこぶる悪いものだった（後に寺社への焼き討ちは多くが根拠のないものと証明された）。だが私は宇土城が廃城になり、行長があしざまに言われるがゆえに、自分なりに行長の実像や、城への思いを持ち、自分なりに調べるようになった。そして夕方のいっとき、無人の城で在りし日の城の姿を思い浮かべることが自分の楽しみになった。それはとても充実した時間だった。

大きな天守を持つ今の熊本城に比べると注目されることのない城だが、宇土城が自分にとってもっとも大切な城だった。以後、そんな朽ち果てた、あまり世間の目に触れない城跡に関心を向けるようになった。

天守があれば、天守にとらわれ、そこで城のすべてをわかった気になる。しかし城は天守ばかりではない。石垣や空堀をはじめとする多くの城の要素に触れることで、城の醍醐味を知ることができるのは、天守のない城に行くことで可能なのかもしれない。華麗な天守がないことで、人は想像し、考えることができるようになる。その行為は、天守から櫓へ、門へ、石垣へ、掘へ、さまざまな防御機能へ、城主の人柄へと想像は無限に広がってゆく。

城と言えばその象徴は、言うまでもなく天守だが、どんなに設計図どおりに近づけて作ってもそれは本来の城ではない。当時の姿を細部まで復元することは現実的に不可能なので、すべてが模擬天守であるとも言える。

そう考えると、日本の各地にある城は山城の時代を含めて殆どが天守のない城ということになる。従って城を本当に理解することは、天守のない城を回ることに繋がってゆく。

石垣の高さや積み方の美しさ、郭の構造、縄張り、廃城となった理由を知ることで、今まで気が付かなかった城の妙味に触れることができる。そして城の保存や整備を巡る逸話にも地元の人たちの城への熱意を感じ取ることができる。

興味深い話を発掘することで、天守ばかりではない城の醍醐味を感じ、これまで知られなかったもうひとつの城を巡る物語ができると信じる。そうすることで、もっと城を多角的に楽しむことが可能ではないだろうか。

天守のない城が多くあるという現状を踏まえたとき、天守頼みでない、学びとしての城の観光活用の取り組みがあるのではないだろうか。実際にそのような活動を行っている自治体もある。それらの事例を通して、城の本当の活用とは何なのか、城の観光の在り方も考えるきっかけになれば幸いである。

なお、本書でいう天守のない城の定義は、中世の山城のようにもともと天守がなかった城、近世になって天守は存在したが、廃城となって天守が壊された城、近世期になってもあえて天守を作らなかった城、天守は幕末まで存在したが、明治期に壊されたもの、あるいは空襲で焼けて天守が再建されなかった城が該当する。再建された天守は対象外とする。

要は今天守の姿を見ることができない城のすべてが本書の対象である。

第1部

城の物語

第1章　関ヶ原　敗者の武将の城物語

私が廃城に関心を持つきっかけとして、宇土城跡での発掘体験のほかに、1981年1月に放送されたTBSドラマ「関ヶ原」(司馬遼太郎原作)を見たことも大きい。誠実な人間性の持ち主である石田三成(加藤剛)は、豊臣政権を守ろうと徳川家康(森繁久彌)の野心に立ち向かう。志半ばに、三成は関ヶ原で敗北する。無二の友のために命を捨てた大谷吉継(高橋幸治)の生きざまも印象に残った。西軍の主要部隊を担った宇土城主の小西行長(川津祐介)の奮闘も忘れがたい。そこから原作の司馬遼太郎の「関ヶ原」を読み、破れた西軍の武将たちの虜になった。そこで興味を持ったのは、敗死した武将の城はどうなっているのかという素朴な疑問だった。他の城に比べて石田三成の佐和山城や大谷吉継の敦賀城はほとんど表に出てこなかったからだ。そこから敗者の城への興味が出て来た。

西軍の実質的な盟主だった石田三成の城は今、どんな状況なのだろうか。

1　西軍を率いた石田三成の「佐和山城」

▲アクセス　滋賀県彦根市古沢町　彦根駅東口から徒歩約18分

過ぎたる城

石田三成の居城、佐和山城はどこにあるのか。私は30代まで知らなかった。1999年5月の連休

佐和山城本丸

に家族で彦根城へ行ったとき、天守のかたわらにあった望遠鏡で北東の山を見た時、私は息を呑んだ。丘陵に大きく「佐和山城」と看板が立てられていた。佐和山城は彦根市にあった。それは樹木の生い茂る山でしかなく、城郭の面影を見出すことはできなかった。

佐和山城はＪＲ東海道線を挟んで、彦根城と対峙した場所に作られている。標高２３２メートルの山城である。

石田三成に関して、古来から言われている有名な言葉がある。

〈三成に過ぎたるものが二つあり　島左近と佐和山の城〉

勇猛な家臣島左近とともに、佐和山城は人も羨む名城であった。三成は五奉行の筆頭となり豊臣秀吉の信頼も得て、秀吉政権を支えてゆくことになる。しかし秀吉死後の関ヶ原の戦後、破れた三成は京の六条河原で斬首され、領地は没収された。幕府から奸臣の汚名を着せられ、彼の真実は抹殺され、悪く言われるばかりであった。

佐和山城も関ヶ原の戦で、東軍に攻められ、籠城した城兵だけでなく多くの婦女子も命を落とし落城した。その後、この地の領主になった、徳川四天王と呼ばれた家康の信頼篤い井伊直政が、彦根藩主となった。彼は佐和山城に入り、この城で亡くなっている。その後、彦根城が作られたので、佐和山城は慶長９年（１６０４）に廃城となり破城（城割とも言う）され、長らく雑木林に覆われた荒れ地になっていた。

2000年代に入り、佐和山城が戦国ブームで注目されるようになると、城の測量図や発掘調査が行われるようになり、現在では城の全貌が明らかになりつつある。

彦根市は城についてこう語る。

「豊臣政権になって聚楽第など平城が多くなる中で、佐和山城は山城である点が特徴です。さらに政治を司る政庁としての役割もあって、頂上には方形プランを意識して政庁としての居館を置いた点は近世の城の特色も兼ね備えています」

じつは佐和山城の歴史は長く、三成だけが城主ではない。すでに鎌倉時代初期には城らしきものは存在していたと言われる。戦国期でも六角氏の家臣が城主となり、その後浅井氏が治めると、小谷城の支城となった。信長の家臣の丹羽長秀、天正期には堀秀政、その後堀尾吉晴が城主となり、石田三成が入城したのは天正19年（1591）だと言われている。

山城に入った三成はすぐに改修を行い近世城郭の要素を取り入れた。元禄年間に描かれた西明寺の絵馬によると五層の天守があったと言われ、城内には20以上の櫓もあり、山城ながら近世城郭の特色も備えていた城である。しかし篤実な三成の性格を反映してか、建物の壁は粗壁、居間は板張りと質素なものだったという。

彦根市教育委員会の三尾次郎は語る。

「基本は山城なのですが、近世に入ってゆく中で、改造されて、城下町も拡大されて行った城だと思います。建物がどれだけあったかは、よくわかりませんが、本丸は石垣に囲まれていました。麓は土塁で、煙硝櫓などは切岸と土塁で守られていました」

とくに近世城郭の特徴が見えるのは、本丸の石垣である。中世の山城は、城の麓に御殿が作られて、戦のときは山城に登って戦う。だが近世の城郭は様相が違ってくる。

丘陵にある本丸を石垣で囲むことは平らな面を多くしたいという意図がある。そこに本丸御殿を作るということである。政庁の役割を持つ御殿があることは、城内で政治を執るということだ。そこに戦のためだけではない城の新しい役割を見出すことができる。

佐和山城は、中世の山城から近世城郭への転換期にある城と言えよう。

三成が近世城郭に改修

三成の時代には、山上に本丸を整備し、二の丸・三の丸・太鼓丸・法華丸などを作り、東山道に面して大手門を作った。惣構で二重の堀の中に侍屋敷や町屋などの城下町が作られた。この大改修で、佐和山城は「三成に過ぎたるもの」と言われるようになったのである。

そんな名城も関ヶ原合戦で、三成が敗走した後に、東軍は1万余の大軍で数千人の兵しかない手薄な佐和山城に襲いかかる。城内から裏切りも出て、城は落城した。城を守っていた三成の父の正継、兄の正澄は自刃した。天守から上る火を見て、女性たちは崖から身を投げたという逸話がある。これが本丸東斜面にある女郎谷という場所である。

佐和山城へ登るには、城の西側にある清凉寺や龍潭寺から急な坂道を登る方法がある。登り口に石田三成の像があり、坂道に入ると、東山道と琵琶湖畔を繋ぐ道である切通しに出る。竪堀や塩硝櫓の跡地を通り、西の丸跡に出る。そこから急な坂を上ると本丸である。

私は2008年11月に佐和山城南口にある法華丸への登城口から初めて城に上った（現在は通行禁止）。道の入り口に「野猿に注意」という看板があった。幅1メートルにも満たない雑草の生えた道を歩く。かつて城郭研究者は、佐和山城に登る人にこう言ったという。

「あそこに行くには相当な覚悟をせんと登れんぞ」

その言葉を思い出させる草茫々の小道だった。法華丸、太鼓丸、この城が落城したときに多くの女性が身を投げた伝承のある女郎谷もある。やがて道の傾斜が急になり、本丸跡に着く直前に隅石垣がふたつある。本丸に使われた隅を固めた石垣の一部である。本丸を一周すると7か所の石垣の跡が見られ、本丸の南西部下には千貫井戸があった。

法華口近くの地蔵堂にある石田地蔵

本丸の東側に大曲輪があり、そこから尾根沿いに下に向かって、二の丸跡、三の丸跡へと続く。城の東側麓を東海道新幹線が通っているが、その近くに大手門の跡、門から繋がる土塁が城を囲むように作られている。この土塁内に侍屋敷があったと言われる。

本丸につくと平地となり、そこに佐和山城と刻まれた石碑が建っている。その傍に小さな地蔵が何体か置かれていた。これが石田地蔵と呼ばれるものである。

後の領主の井伊家は、西軍の首謀者だった三成の城へ行くことを禁止した。支配者が変わったことを領内で示す意味もあった。しかし三成は領民から慕われた武将だったので、廃城後も北近江の領民たちは三成の人徳を偲び、禁を侵して城に入った。そこに自分たちで作った地蔵を置き、三成や石田家の霊を慰めた。

法華口近くの地蔵堂の下にも、きれいに胸当てをつけ、一体一体に花が添えられた石田地蔵10体ほどを見ることができる。地元の人々によって江戸期から手厚く保護された地蔵を見るたびに、三成を慕う領民の思いが垣間見える。

噂を聞きつけた井伊家は後に、石田地蔵を供出させる「地蔵狩り」を行った。佐和山の麓の仙琳寺山門脇にも石田地蔵が10数体、目立たぬように置かれてあるが、これは「地蔵狩り」で集めた石田地蔵を集め、この地に置いたものだ。城も改変され本丸の頂上を10メートル以上も削っている。新たな支配者は徹底して三成の痕跡を消す意図があった。

三成の屋敷は、法華丸近くのモチノキ谷にあり、島左近の屋敷は清涼寺にあった。

佐和山城のお膝元に住み、幼いころから城を見て育った田附清子（佐和山城研究会代表）は、早くから石田三成に思いを寄せてきた。いつも彼女の目の前に佐和山城があり、母から三成のことを聞かされ、領民思いの誠実な武将だと教えられた。しかし三成は地域で見向きもされなかったという。佐和山城の姿を麓から見ると、落ち武者の顔かたちが思い浮かばれたという。

自然に三成のことを調べるようになり、２００１年に有志で佐和山城研究会を結成し、城に上り遺物の表面採集や三成の研究を行った。

「当時佐和山城は行政としても手つかずの状況で、伝説の城になっていました。本当の三成はどういう人か調べると、歴史上語られる悪評と違っていることがわかりました。そのことを地元に自分が発信しなければならないと考えたのです」

田附は千貫井戸の傍に新たに石垣も発見し、秀吉のお墨付きの城であることを示す桐文の瓦の破片も見つけた。歴女と呼ばれる若い女性たちがこの頃から佐和山城にも姿を現すようになり、その中に九州や東北から来る人もいた。田附は言う。

「戦国時代を舞台としたゲームが発端でしたが、そこから彼女たちは真面目に勉強し三成について理解を深めました。三成に対する評価が変わったのは彼女たちが後押しした力も大きいと思います」

行政も佐和山城に真剣に目を向けるようになり、彦根市は雑草を刈って測量調査を実施し、城の縄張りも明らかになった。

佐和山城本丸から彦根城を見下ろす。

本丸に立つと、彦根の町を一望でき、下を東海道線が走る。本丸のはるか下に彦根城が見える。彦根城の建築物は国宝、重要文化財、特別史跡などと高い評価を受けているが、佐和山城はそのような評価は受けていない。だが本丸の高さを実感するたび、戦う城としての気位の高さを感じさせる。

発掘調査で判明した三成の城

現在、佐和山城の建物や石垣の痕跡はどこで見ることができるだろうか。

井伊直政が彦根の領主となった4年後に、彦根城は完成するが、佐和山城の天守、櫓などの部材は彦根築城に転用され、佐和山城は廃城となった。しかし彦根城の太鼓櫓門は佐和山城から移築されたという伝承がある。

２０１２年、２０１３年には彦根城の石垣保存修理に伴う彦根市の発掘調査が行われた。鐘の丸という彦根城の大手門に近い場所に大きな曲輪がある。この曲輪を囲む石垣から、佐和山城で使われた石が持ち込まれたことがわかった（平成24年調査）。曲輪の大手門方面の石垣の高さは約7メートル、幅は約３１４メートルあるが、そのうち虎口よりの上部の幅約30メートル地点の石材が、湖東流紋岩、青いチャートが使われていた。この石を使った城跡は滋賀県内では佐和山城しかない。

文献によれば、彦根城で最初に完成した曲輪は鐘の丸で、大手門のすぐそばになる。佐和山城の石垣を破却して、すぐに彦根城の入り口の曲輪に使ったということになる。

２０１３年には太鼓丸東側の調査が行われ、石垣の裏込め石から瓦破片が大量に見つかった。瓦は精製された粘土でなく、焼きも甘い。中心の飾りが巻の唐草文という点から、石垣を作る時に、「栗《ぐり》石《いし》」（石垣の裏側に詰め込み、石垣を支える栗の実ほどの小石。「裏込石《うらごめいし》」とも言う）として佐和山城の瓦の破片を使ったことが分かった。２０１５年には本丸が調査され、西の丸からも20以上の櫓があったと判明した。

滋賀彦根新聞（２０１５年3月16日付）ではこう記されている。

〈佐和山城の瓦の文様は、近畿では豊臣秀吉の晩年の居城だった伏見城でも見られるため、石田三成と秀吉との密接な関係もうかがえる〉

そして２０２２年8月18日に滋賀県文化財保護協会が、佐和山城の調査で、城下町を城郭の一部に取り込んだ「総構」の外堀が発見されたと発表した。すでに文献では「佐和山総構」と記されていたが、発掘調査によってその存在が証明された。

外堀は、幅約10メートルあり、それを約7メートル発掘した。堀からは鬼瓦の破片、16世紀末から17世紀初頭の陶磁器が出土しており、石田三成が城主だった時期に該当する。三成の家臣である須藤通光の書状に、周辺の多くの百姓が使役されて、佐和山総構が作られたと記されている。この堀は、堀の名残と思われる小野川に繋がり、東西約100メートル、南北約500メートルの城下町の存在も証明することになった。

城下町と一体となった城は、近世城郭の特色だから、山城である佐和山城にさらに近世の要素が取り入れられたことが浮き彫りになった。

また建物跡の伝承もがある。彦根城下にある宗安寺の赤く塗られた門が佐和山城の大手門、彦根市の妙源寺山門も、佐和山城の城門と言われる。

「佐和山一夜城」と城の活用

2007年は国宝・彦根城築城400年祭が行われたが、その一環で彦根商工会議所青年部が「佐和山一夜城復元プロジェクト」を実施した。彦根城だけでなく、彦根城の礎を築いたのは佐和山城であり、同じ彦根市にもう一つ名城がある点をアピールしようと企画された。彦根藩の初代藩主井伊直政は佐和山城主だったから、彦根藩の歴史も佐和山から始まる。井伊家の原点に戻るなら、佐和山城も語るべきだという認識があった。

7月16日の祝日に、城の下絵が描かれたベニヤ板100枚に約350名の参加者が色を塗る。9月

1日がベニヤ板による佐和山城の復活の日だった。高さ約18メートル、横約13メートルの5層の天守が、佐和山城麓の東山運動公園に建てられた。ライトアップされ、9月16日までこの地に飾られることになった。

9月1日、9日、16日には「佐和山歴史講座」が城のへの登り口近くにある清涼寺（井伊家菩提寺）坐禅堂で行われ、「戦国の城　佐和山城の魅力」（小和田哲男）、「信長の佐和山城攻め」（中井均）、「佐和山城から彦根城へ」（谷口徹）のテーマで講座が開かれた。200人近くの人々が受講し、若い人たちの姿が多く見えたのが特徴だった。

9月16日が佐和山城の落城式で、花火による落城の演出がなされた。火柱が何本も吹き上がり、城が燃えるように映る。次に真っ赤な閃光が飛び交い城を覆う。そして静寂となり、佐和山城は姿を消した。最後は商工会議所青年部のメンバーが壇上に上がって、石田三成の旗印の言葉「大一大万《だいいちだいまん》大吉《だいきち》」を皆で斉唱し終了した。

この言葉の意味は、一人が万民のために、万民は一人のために尽くせば、天下の人々は幸福になれるということである。彦根城400年祭りのテーマは「再発見・再創造」だったが、佐和山城を通してそのテーマを実現し、観客動員数はのべ約2万人に達した。半月の佐和山城の復元だったが、彦根市では彦根城だけでなく、石田三成や佐和山城という新しい歴史価値を再確認し、次世代に繋げる役割を果たした。

佐和山城は他にも城主はいたが、石田三成の印象が強い。すでに一夜城イベントから15年ほどが経ったが、今、佐和山城をアピールするためには、どうすればいいだろうか。

三尾次郎は、個人の意見だと断ったうえで、話してくれた。

「これまで彦根城が注目されることが多かったですが、彦根城を考えるうえでも佐和山城は切っても切れない関係にあると思います。初代の井伊直政が入った城でもありますし、佐和山から彦根へのストーリー性として城は語られるべきなのかもしれませんね。佐和山があったから井伊家がこの地に配置されたといっても過言ではないということです」

彦根城のあちこちに佐和山城の部材や石垣が使われ、城下町には城の名残がある。彦根市で佐和山城と彦根城の双方を見ることで、山城から近世城へと城郭の変遷を知ることができる。城の拠点が移されたとき、以前の城はどのようにリサイクルされるのかも知ることが出来る。

国宝の彦根城も佐和山城という歴史なしには存在できなかったはずだ。彦根の城下町を歩くことは、佐和山城の面影に出会うことでもある。

彦根城は世界遺産を目指しているが、彦根城の前身の佐和山城を知ることでより深く彦根城を理解することができるはずだ。

余談だが、石田三成はどのような顔をしていたのだろうか。高校時代に読んだ本に三成の頭蓋骨を発掘し、分析した本があることを思い出した。

東京大学理学部人類学教室教授を務めた鈴木尚の著書『骨』によると、明治45年（1912）5月、京都大徳寺三玄院にある三成の墓が三成研究家の朝吹英二氏らによって改葬された。このとき頭蓋骨、大腿骨、上腕骨など一体分の骨が揃っていた。一本の小ずかも発見された。切断された首と胴体を繋ぐためのものだった。

この遺骨は京都大学解剖学教授の足立文太郎に鑑定が依頼された。頭蓋骨はかなり破損していたが、丁寧につなぎ合わせると完全な形になったという。このとき頭蓋骨の石膏模型も作られ、皮膚をかぶせて実際の顔に復元する試みもなされた。だが何かの展覧会に出したまま行方不明になったという。ただ所見は残っており、そこから推測するに、印象は細面の優男で生前は腺病質（体格が細く、神経質で病気を起こしやすい体。虚弱体質）ではなかったかと思われる。眉間から鼻の付け根にかけての高まりは弱く、ちょっと骨を見ただけでは男か女か判断するのが少し困難だった。頭のはちは前後に長い。そしてかなりの反っ歯であったという。年齢は没年の41歳に相当した。

鈴木はこれらの結果から〈まったく無骨なところはみじんもなく、むしろ容貌は女性と見まごうほど端正で、知者にふさわしい静けさが感じられるのである〉（鈴木尚『骨』「石田三成の頭骨」1960年・学生社）と記している。

2　友情に殉じた武将大谷吉継の「敦賀城」

▲アクセス　福井県敦賀市結城町天筒町　ＪＲ敦賀駅から徒歩20分

秀吉にも一目置かれた官僚

秀吉に「刑部には百万の大軍を指揮させてみたい。わしはその光景を高みの見物といきたい」とまで絶賛させたのが大谷刑部少輔吉継である。吉継は秀吉も一目置くほどの決断力に優れた軍略家の武将であった。しかし彼は当時宿痾のハンセン病と思われる皮膚病のために大軍を指揮する機会はついに訪れなかった。

吉継は石田三成とは厚い友情で結ばれ、関ヶ原では負けると知りながら三成とともに西軍に属した。彼は小早川秀秋の裏切りを予知しており、彼の布陣した松尾山の麓に陣を敷いたが、大谷隊は、配下の武将の兵力を合わせて６０００あまりしかなかった。

吉継は病も重く目も殆ど見えなかったが、藤堂高虎らの軍を一歩も引かせず奮戦した。

しかし正午過ぎ小早川隊１万５０００が襲いかかり、その近くにいた西軍の諸大名も次々と裏切り、大谷隊は壊滅し、彼は戦場で自刃して果てた。

敦賀城本丸付近（現真願寺）。平泉澄の筆による城跡の碑文。

吉継と三成の逸話で印象深いのが、秀吉のいる茶会で、吉継が鼻汁を回ってきた茶器に落とした一件である。誰もが気味悪がって口をつけたふりをして隣に回す。このままでは鼻汁の浮いた茶器が秀吉に回る。危機を救ったのが三成で、彼は茶器が回ってくると一気に飲み干した。この行為に吉継は恩義を感じ、三成に心を寄せるようになったらしい。

三成との友情は美化されているが、こうまで吉継が魅力的に描かれたのはなぜだろうか。

吉継に詳しい外岡慎一郎（前敦賀市立博物館長・現奈良大学文学部史学科教授）は語る。

「じつは三成との友情を証明するものは無いんです。なぜ吉継は三成に味方して、関ヶ原で命を落としたのか、そのストーリーを作るときの理由探しで作られた話かと思います。

この話は江戸時代の軍記物にも出てきません。近代に作られた話かもしれませんね」

この逸話は、陸羯南《くがかつなん》らとともに新聞「日本」を創刊したジャーナリストの福本日南が著書『豊太閤』（1914）に書いたのが発端らしい。ただし彼は、吉継の鼻汁は三成ではなく、秀吉が飲んだと書いた。それはそれで豊臣家に忠誠を誓い、西軍につく根拠にもなる。他の研究者の作品にも似た話が書かれたが、福本の記述がもっとも古い。外岡は言う。

「では福本は何を参考にして、そんな話を言い出したのか。彼はジャーナリストだから、思い付きではなくて、それなりのニュースソースがあって書いているはずです。彼は江戸時代に書かれた我々の知らない資料を見ていたのかもしれません」

吉川英治の『大谷刑部』（1943年）で、吉継の隣に座った三成が、水洟を落とした茶器を、作法通りに飲み干した記述がある。周囲の大名たちの目は複雑に動いたが、三成は平然としていた。ただ吉川英治が何を参考に書いたかは不明だ。根拠がない理由は、吉継も三成も負けた側の運命に行き着く。それは為政者が彼らの史料を抹殺したことである。

吉継も奉行として任務を遂行し、秀吉の信頼も厚かった。三成が堺奉行を務めたときも、彼の下で実務を担当した。三成とともに奉行職を遂行する中で、二人の間に信頼関係が作られたのだろう。外岡は言う。

「三成も吉継も家として残っていないので、現存する資料も当時の100分の1、200分の1しかありません。二人の書簡が残っていれば、個人的な関係も復元できますが、手段がないのです」

それは吉継の居城、敦賀城も同様である。敦賀城は敦賀平野の海岸の近くに広がる平城である。吉継は天正17年（1589）に入城したときに、水城に大改修したと言われるが、どのような威容を誇っていたのか、知る由もない。彼の領地は関ヶ原の敗戦で所領も没収され、城は元和2年（1616）の「一国一城令」で破城された。

高い人望と交渉力

大谷吉継は、永禄2年（1559）の生まれとされていたが、近年の研究によると永禄8年（1565）説が有力である（外岡氏の研究による）。

吉継の母親は北政所に仕える侍女「ひがし」という女性で、天正20年（1592）の京都吉田神社の吉田兼見の日記「兼見卿記」に〈ひかし殿子息刑部少輔廿八才…〉とあり、ひかしが、北政所、息子の吉継らの祈祷を依頼したという記述が見える。父親は延暦寺で総務を司る僧侶という説もあるが、はっきりしない。

吉継は早くから秀吉に仕官していたようだ。天正6年（1578）には、吉継が密使として信長朱印状を携えて美作の国衆草刈景継に許に向かった記述が残る（「草刈家証文」）。生年から言えば、吉継は14歳で、これ以前から長浜城主秀吉に仕官していたらしい。

天正13年（1585）7月、秀吉が関白に任じられると、吉継は従五位下刑部少輔になった。その後は秀吉のもとで島津制圧のために九州に出兵し、兵站奉行を務め、肥後国衆一揆攻略のために秀吉の指示を伝達するなど、秀吉の信頼も厚かった。

同17年には堺奉行となる。吉継の大きな働きは秀吉の小田原制圧のときである。秀吉と北条氏とは和議が成立していたが、北条はこれを反故にし、秀吉臣下の真田氏の名胡桃城を攻めた。秀吉は北条制圧を決意するが、彼に大きな懸念事項があった。徳川家康は北条の当主氏直の舅であることだ。

秀吉臣下だが家康は巨大な存在である。家康の真意を知るために、吉継が派遣されたという。吉継の働きもあったのだろう、家康は駿府城から北条制圧のために出陣した。ここでは吉継は兵站奉行で出陣し、石田三成と上野館林城を攻略し、北条氏に与した成田氏の忍城も攻略した。この年の冬吉継は、敦賀城主（2万余石、後5万石に加増）となる。

秀吉の次の目的が朝鮮出兵だ。吉継は天正20年（1592）2月には石田三成とともに肥前名護屋城へ行き、船奉行と軍監として作戦を指揮する任務を行っている。その後三成、増田長盛らと一緒に6月に渡海し、7月半ばには漢城（現・ソウル特別市）に着いた。

日本軍は開城（現ケソン）や平壌を制圧したが、その後は水軍の名将李舜臣の攻撃に悩まされる。漢城では、三成、増田長盛、吉継を中心に戦略を練り、漢城に撤退して日本軍を集結することが決められた。だが開城の小早川隆景、黒田長政らの武将らは、撤退を拒んだ。安国寺恵瓊が小早川の説得に行くが失敗。奉行衆は説得工作に長けた吉継を使者に選ぶ。外岡慎一郎著『大谷吉継』に、そのやりとりを記した「毛利秀元記」の現代語訳がある。

吉継は、明軍の勢いは強く、ここで負ければ日本軍の敗退に繋がると伝え、こう語る。

〈ここで全力を尽くされるのではなく、漢城へ撤収し、（集結した）諸将を指揮することをお考えいただきたい。（隆景が采配を振るうことに）だれが異議を申すでしょうか。漢城にいる者たちは皆、隆景殿の到着をお待ちしています。吉継みずからお迎えにまいりました。殿の決死のお覚悟は奉行衆から（秀吉に）お伝えしております〉（p49）

当初は撤退に頑なだった小早川も、吉継の説得には折れた。

朝鮮出兵での交渉役

朝鮮半島に毛利輝元の名代で出陣した、毛利元康への吉継の書状が残っている。朝鮮で作った元康の城も破壊して、漢城へ引き上げて欲しいと願う文書だが、追伸（「厚狭毛利家文書」）にこう書く。朝鮮半島に出陣した武将は、現地で城（倭城）を作ったので、城へのこだわりも強い。

〈あなたの（城を維持したいという）お気持ちは奉行衆へも伝えてあります。懸命のお覚悟と（奉行衆も）感じ入っております。〉（敦賀市立博物館『大谷吉継　人とことば』p17）

さりげない心配りが元康の気持ちを動かし、彼も漢城へ撤退した。吉継が人を動かす手腕を持っていたことが伝わる。日本軍は漢城で体制を整え、李水軍に大勝したが、幸州山城の攻撃に失敗。日本軍はさらに撤退するが、吉継は、毛利元康に殿《しんがり》をお願いし、元康はその任務を全うする。吉継はすぐに手紙を書く（「厚狭毛利家文書」）。

〈ことにわれ（吉継）らの指示で「後殿」をお引き受けいただき、比類なきお手柄をあげられたこと申し上げるまでもありません。……（吉継）一生忘れることのないことで感謝の言葉もありません。〉

そして追伸には家来の安否まで心配していることが綴られている。

〈吉見（元頼）殿、三吉殿、天野（元政）殿、佐波殿、皆様お怪我はなかったでしょうか。お手数ですがお知らせいただきたく思います。〉（敦賀市立博物館『大谷吉継　人とことば』p19）

結局、日本は明との和平交渉を行う。吉継は三成らと明の勅使を連れ、帰国した。だが講和内容は秀吉を到底満足させるものでなく、二度目の朝鮮出兵が行われた。

この頃吉継は病も重く、養子（彼には男子の実子がいなかった）に家督を継がせ、引退状態だった。京で静養していたが、出陣中の武将から頻繁に相談や連絡が来る。

朝鮮出兵中の島津義弘は相談がてら、吉継に沈香（香木）1斤《きん》（約600グラム）を送っている。沈香は強壮、鎮静などに効果ある生薬なので、義弘は吉継の健康を案じたのだろう。

この間、近畿地方を大地震が襲い、伏見城が倒壊したことも吉継にとっては耳が痛く、落ち着かぬ日々だったろう。この頃、直江兼続への手紙には、目を患ってしまい、花押を書くことができず、印判で失礼したいとも記している。

やがて秀吉は死去し、出兵中の武将は帰国したが、そこから武将たちの確執が始まる。これまで調整力を発揮してきた吉継も、この争いに巻き込まれてしまうのである。

面影なき水城

文献上に残る敦賀城はどんな城だったのか。敦賀城の天守は、吉継の前領主の蜂屋頼隆か豊臣秀勝が築いたとも言われている。三重の天守もあったと言われるが、詳細はわかっていない。「慶長国絵図」には天守が描かれているが、信ぴょう性は低い。

吉継改易後は、城には幕府の代官が派遣されていた。破城された後は、跡地に小浜藩の奉行所、陣屋が置かれた。明治時代になると、城の跡地には県庁舎、警察署、裁判所、病院、小学校（敦賀西小学校）などが置かれ、さらに跡形もなく壊された。

城跡の近くを笙ノ川や運河（旧笙ノ川）が流れ、傍に日本海の荒波が見える。海岸線に近い城で、低湿地帯である。敦賀市の真願寺の境内に正方形の石がある。その真ん中に穴があいており、これが敦賀城の礎石と言われている。この寺の門の前に、歴史学者平泉澄の筆による「大谷吉継　敦賀城跡」と刻まれた石柱が建っている。

城の東側に来迎寺という寺がある。この中門が敦賀城の裏門と呼ばれ、黒い木造の柱で作られており、傷一つない頑丈な作りをしている。時代的には当時の門の様式だが根拠はないので、伝承の域にとどまる。

来迎寺の中には県指定文化財である「木製加飾腰高障子」と呼ばれる木や小鳥、虎などを描いた障子が12枚残っている。これも敦賀城で使われていたという伝承がある。関ヶ原に出陣する前に死を覚悟した吉継が寺に寄進したものだという。

城跡推定値にある八幡神社にも灯籠や鬼瓦、礎石がある。ただ礎石にしてもやはり根拠としては乏しい。また城の表門は敦賀の豪商だった打它《うだ》氏の家の門に転用されていたと言われているが、1945年に戦災で焼失した。

城の範囲を想定すれば、城の北側を笙ノ川が流れ、東西と南が堀で囲まれている。敦賀病院の近くが本丸で、ここらが城の本体らしい。その南には三の丸という地名が残っている。南北が600メートルから800メートルほどが敦賀城の範囲である。2009年から2010年に敦賀西小学校の校舎建て替えのため発掘調査が行われ、中小規模の武家屋敷らしい跡が見つかり礎石が出土した。

外岡慎一郎は城の特徴を述べる。

「敦賀城は要塞というより、港を管理する役所としての性格が強いですね。吉継が秀吉から与えられた使命は伏見城再建のための板材の移入基地、朝鮮出兵の船と操船者、兵糧の確保、移動基地として敦賀湊を機能させることでした」

地震で倒壊した伏見城を再建するために、出羽地方で製材された太閤板が、敦賀に運ばれ、そこから京、大坂に持って行かれた。他にも聚楽第、大坂城や寺社の建材に使われた。これらは敦賀に入り、山越えして都へ出て、伏見まで水運で運ばれる。吉継は、旧勢力であった地元の廻船商人たちと信頼関係を築き、その指揮官として任務を遂行した。

適材適所の人材配置に秀でた秀吉は、政務に力を発揮できる者として吉継や三成、小西行長を育てようとしていた。加藤清正や福島正則の槍一辺倒と違い、政権を遂行できる能力があるのは、彼らである。

しかし秀吉の死によって、両陣営は抜き差しならない状態になった。

家康派だった吉継

秀吉の死で、石田三成の奉行派と、加藤清正、福島正則の武断派の対立は激しくなる。政権の中心には徳川家康がいた。周囲は豊臣秀頼が幼いうちは、家康が秀頼に代わって政務をとり、成人後は再び秀頼に実権を戻すという予測をしていた。

吉継は一度引退したものの、秀吉死後に再び政務に復帰し、家康の下で実務をこなした。意外なことだが、慶長4年（1599）に石田三成が首謀者となって家康の暗殺が企てられた際、吉継は家康の側についている。

その後、岡山藩の宇喜多騒動、島津家の日向庄内の乱が起こったが、吉継は家康の指示で仲裁に入っている。その後、上杉景勝に謀反の動きがあるということで、家康の命で豊臣諸侯は上杉討伐の兵を出すが、吉継も3000の兵を率いて出陣している。彼は家康との関係も良好で、仕事ぶりが信頼されていたのである。

その道中、吉継は佐和山城に立ち寄り、三成に「家康と和解し、上杉討伐に参加するよう」勧めるが、逆に説得されて、三成の側につく。この心の変化は唐突に過ぎるように思われるが、家康とともに政権を遂行する中で、豊臣政権に取って代わろうとする彼の野心に吉継も薄々気づいたのだろう。会津に向かう中で、三成の説明を受けて、彼の不安は的中したというのが自然である。

吉継の軍略家としての資質はどうであろうか。外岡は分析する。

「秀吉は百万の軍の指揮をとらせたいと言いましたが、吉継は頭上戦に秀でていたと思います。三成もそうですが、戦場で槍働きをするのではなく、全体の作戦を立て、軍備から兵站まで整え、配置図も書いて陣取りもきちっとやる人だったと思います。戦いを始めたら百戦百勝できる力があったのではないでしょうか」

今、敦賀では

大谷吉継の名前は古くから敦賀では知られていたが、資料もなく学術的な研究、論文は皆無だった。それが大きく変わったのは、2000年9月に歴史シンポジウム「大谷吉継の謎に迫る」が敦賀市で開催されてからである。

この年は関ヶ原から400年という節目だった。ここでは関ヶ原資料館の館長や、関ヶ原で吉継軍に属して戦死した武将の、平塚為広の研究者などがパネラーになり、外岡がコーディネーターを務め、会場は盛況であった。

この頃、外岡は敦賀短期大学に勤務していたが、吉継の学術的な検証が十分ではないと感じていた。そのため短大の紀要に吉継の論文を書き始めた。そこから吉継研究は徐々に進んだが、正直その歴史は古くはない。

敦賀市立博物館では、２００６年に企画展「盟友～石田三成と大谷吉継」が、10年には特別展「近世敦賀の幕開け～吉継の始めた湊町」、15年には特別展「大谷吉継～人とことば」、16年特別展「大谷吉継と西軍の関ヶ原」が開催された。

敦賀市では２０１４年から吉継をテーマにした講演会「吉継カフェ」が年に4回ほど定期的に開かれ、２０２３年1月21日で20回目を迎えた。19回では、吉継が千利休と交流があり文化人であったこと、京都に作られた聚楽第の建設をめぐり、動員された諸大名と寺社の間に争いがあり、その仲介役を吉継が担い収めたことなどが、説明された。

敦賀市相生町には「みなとつるが山車会館」がある。別館常設展示には「敦賀城主　大谷吉継」のコーナーがあり、彼に関する資料、敦賀城の礎石や陶磁器などの出土資料が展示される。「吉継ファンコーナー」（現在はコロナ禍で縮小して常設展示室で開催）もあり、吉継への「恋文ノート」が置かれ、全国の来場者の思いが綴られている。

城の跡地には郭の跡はないが、真願寺近くを流れる水路は、城の堀だと言われ、道を歩けば城の名残に触れることができる。やがて海が見えると、この地で太閤板の指揮を執った吉継の颯爽とした姿も想像できる。歩けば、吉継と時代を共有できる喜びが生まれる。

領地の人に対する吉継の姿勢を現す一文がある。西福寺という浄土宗の名刹が敦賀市にあるが、その住職が病に侵され、吉継に今のうちに寺の後継者を決めてほしいという相談である。京にいた吉継の返事である（「大谷吉継書状」西福寺所蔵）。

〈本復されることを信じていますが、命あるうちに後継者を決めておきたいとのご意志、承りました。……くれぐれもご養生に専念してください。なお、その地（敦賀）で養生が困難であれば、こちらへお上がりください。医者はどのようにも用意します。〉

外岡は述べる。

「今知られる吉継の人物像は江戸時代に作られました。彼が死んで半世紀以上経ってから、軍記物で彼をかっこよく描いています。それは彼への追憶なり、思いの投影かもしれません。そうならば彼の実際の姿と、死後の彼の姿とは大きく違うわけではないと思われます」

城跡の遺構は、まだ地下に眠っている。研究がさらに進むことで、城も人物も伝承を超えて、学術的に明らかになることだろう。

3　キリシタン大名小西行長の「宇土城」

▲アクセス　熊本県宇土市古城町　ＪＲ鹿児島本線宇土駅下車。バス停（宇土本町一丁目・宇土高校入口／九州産交バス）徒歩18分

もう一つの熊本の名城

２０１６年４月14日の夜、突然熊本地方を、震度６強から７の激震が襲った。地鳴りのする中で余震は続き、人々を恐怖のどん底に陥れた。さらにその２日後には前回を上回る地震が襲い、それまで何とか持ちこたえていた家々も崩壊した。避難所生活を余儀なくされる中で、決して起こるはずはないと信じていた熊本地方での大地震は、人々に相当な精神的打撃を与えた。その中で熊本県民の象徴

宇土城の惣構。外堀で城下町を囲んでいる。宇土市教育委員会提供。

でもあった熊本城も天守の瓦が崩れ落ち、石垣は多くの場所で崩落し、櫓も倒壊した。
その一方で私はもう一つの熊本の名城を思い出さないわけにはいかなかった。それは熊本城から20キロほど南の宇土市にある、キリシタン大名の小西行長が築いた宇土城である。小西行長、加藤清正ともに豊臣秀吉子飼いの大名で、豊臣政権のときには、肥後の北半分を加藤清正、南半分を小西行長が治めていた。小西行長は約17万石の大名だった。

行長は加藤清正とともに文禄慶長の役でともに先鋒を務めるほど、秀吉に期待された武将だった。加藤清正は日蓮宗の信者で勇猛果敢の武将、一方小西行長は大阪府堺の商人の生まれで、貿易や外交交渉に手腕を発揮した実務家で、秀吉の信頼も厚かった。行長は秀吉の意を受けて動き、各大名の間で政務を担う「取次ぎ」という特別な任務を担う官僚の役目も担っていた。秀吉の無謀な朝鮮出兵を何とか辞めさせようと、石田三成と画策し、いざ出兵が始まるや、すぐに講和に持ってゆこうとする外交的な手腕の持ち主であった。秀吉政権では舟奉行を務め、九州諸大名の監督をする立場にあったという。行長が生き生きと豊臣政権の中で実務を遂行してゆく姿が想像された。
しかし加藤清正とは水と油の関係だった。小西行長は、関ヶ原合戦に石田三成方の西軍に属して敗れ、京都の六条河原で斬首された。宇土城は、加藤清正の軍勢に攻められ、行長の弟小西隼人が守っていたが西軍破れるの報を受け開城し、小西隼人は自刃した。

以後、小西の領地は加藤清正所有となり清正によって宇土城は改修されたが、清正死去の翌年の慶長17年（1612）に破却され、建物は無くなった。さらに寛永14年（1637）に島原の乱が起こり、キリシタン大名の小西の廃城は、キリシタンが立てこもる可能性もあったため、今度は石垣も根こそぎ破壊された。二度に渡って破壊された城が宇土城だった。

作られた悪人像

宇土城の特色は「惣構」と言って、町と城を一体化してその周囲を堀で囲んだ点にある。本丸には天守が築かれ、三層の作りであったという。熊本城の天守が築かれたのは、1600年頃で、宇土城は天正17年（1589）に築城を始めていた。そのため関ヶ原の合戦までには天守も聳え立っていた。その姿は鶴の舞うような美しさがあり、「舞鶴城」とも呼ばれていた。熊本城よりも早く近世城郭が作られたことになる。

商人の出身らしく、行長は都市計画を整備し、商工業者の居住する場所を定め、本丸の北側には運河も作られ、博多の町割りと似た近代的な城下町を作っていた。

また加藤清正との戦いでは、殆どの戦力は関ヶ原の合戦に動員されており、兵は少数であったにもかかわらず、9月20日に清正軍の総攻撃を受けながら、10月半ばまで持ちこたえている。城下町と一体となった城の作りと、城の周囲は沼地に覆われていたことが功を奏し、勇猛な加藤清正の軍勢もかなりの苦戦を強いられた。戦闘の面でも鉄壁の名城だった。

宇土城本丸・小西行長の像

小西行長は関ヶ原以後、領内の寺社や仏閣を焼いた極悪人として近年まで言い伝えられてきた。先にも述べたが、高校時代の私は考古学部に入部し、毎日宇土城に登って、市の教育委員会の発掘調査を手伝った。雑草に覆われ、マムシも出る荒地であった。顧みる人も殆どいない中、私は関ヶ原で敗れた小西行長の無念さを想像した。そのとき私は家族から言い含められたことを思い出した。行長は私の住む地域の領主だったのである。

「小西行長は、多くの寺を焼いた極悪人ばい。五家荘にある一番太か釈迦院もあいつは焼いた悪か殿様ばい」

釈迦院は、八代市泉村にある天台宗の寺院で、桓武天皇の勅願で創建され、「西の高野山」と呼ばれた一大霊場である。小西行長は、天正期にこの寺の焼き討ちを行い、寺坊は焼き尽くされ、社領も没収され衰退したと言われている。彼はキリシタンだったから、お寺や神社を敵視していたというのである。

この類いの話は小西領のどこへ行っても聞かれる話で、とにかく土地の占い人は感情むき出しで、行長を寺を焼いた極悪非道な領主だと罵った。後の領主加藤清正が「清正公《せいしょー》さん」と人々から親しみを持って呼ばれるのに対し、行長が崇められることは殆どなかった。

寺社焼却の真相

１９８０年10月1日、私が高校1年生のとき、小西行長の生誕３８０年を記念して、宇土市によって行長の銅像が宇土城本丸跡に立ち、除幕式が行われた。この日は行長が六条河原で処刑された命日にあたる。行長はこれまで悪人呼ばわりされてきたが、現在の宇土市の町を作ったのは小西行長である。ここらで彼の功績を見直そうという当時の宇土市長、大和忠三の思いだった。銅像は見上げるほどの高さで、台座の上に行長は十字架を胸に下げて、刀を杖代わりにして床に着けて立っている。目は西欧を視界に入れているかのような遠くを見る視線である。大きな目に温和で優美な表情で、海の司令官を思わせる。

だが銅像の除幕式の直後から、市役所には抗議の電話が殺到した。「寺社ば焼いた小西行長ば顕彰するとはなにごとか」「銅像にペンキば塗るけん覚悟しとれ」「銅像は打ち壊すぞ」と市民の怒りは相当なものだった。それは批判を越えた恫喝だった。

行長の銅像は、市民からの破損を守るため一日でトタンに覆われて、再び見ることはできなくなった。一年ほど覆われたままだったと記憶する。

昭和60年代になっても市民の反行長感情は激しいものだった。熊本日日新聞の取材でも市民は行長の顕彰についてこう述べている。

「宇土はなぜ行長を顕彰するのか。行長は白馬に乗って村中をめちゃくちゃにした。今でも村では〝白〟は行長の白馬につながり不吉、という理由で白いニワトリや白ヤギは飼っていない」（熊本日日新聞社『新・宇城学』ｐ１０３）　私は宇土の近くの八代郡鏡町（現八代市鏡町）で生まれ育った。鏡町の隣にある竜北村（その後竜北町を経て現在氷川町）から『竜北村史』（１９７３年発行）が刊行されている。

自治体が発行している村の正史である。『竜北村史』によれば小西行長は肥後に入国後、慈悲をもっぱらとしていたが、2年、3年たつうちに、闇に入ったような仕置きを行うようになった。村々で前からあがめられていた氏神、産土神、辻堂、有住無住の寺々、官社などが一つも残さず焼いたという。そして村人はキリシタンになれとせがまれたとある。

『肥後国誌』によれば、行長の所領で、37の寺と16の社、計53軒が焼かれたとある。〈行長嘗テ南蛮ノ邪宗ヲ尊信シ、領内ノ神社仏堂ヲ打破焼却シ、神宝寺宝ヲ侵し奪ウ〉（『肥後国誌』）

このような伝承から、極悪人小西行長像が作り上げられたのだろう。

そんな行長バッシングの光景を傍で見ていただけに、この城に立った時、小西行長の悲哀を感ぜざるを得なかった。もし彼が関ヶ原の合戦で勝っていたら、この城もこんな扱いを受けることは無かったのではないかとも考えた。宇土城は鬱蒼とした雑草の生え茂る小山だった。本丸の部分が標高12メートルほどで、その周囲をこれも草のはえた空堀が取り囲んでいる。二の丸は墓地になっている。本丸に立つと宅地になった三の丸も見ることができ、ここは重臣の屋敷跡であった。放課後や昼休み、私は本丸から空堀を歩きながら、小西行長のことや、ありし日の城の威容を思い浮かべることが増えた。彼の無念さを思い、楽しくも哀しい想像をする時間だった。城跡に立って考える楽しみを与えてくれたのは宇土城である。その後ごく自然に天守のない城に関心を持つようになった。

本丸の一部に高さ3メートルほどの僅かな石垣が残っていた。宇土城はユニークな構造をしており、小西行長が関ヶ原に敗れてから、新たな領主となった加藤清正は既存の城の上に城を築いた。そのため小西行長の作った城は、加藤の時代に作られた城に埋もれたことになる。今見られる石垣は打ち込み接と呼ばれる工法で、加藤時代の石垣だった。

小西の時代の遺構はあるのだろうか、そんなことを考えていた時に、1980年に本丸東側の地下1・5メートルから新たな石垣が発見された。南北に38・7メートル、幅2・8メートルの大きさだった。これは野面積みという自然石を重ねて作られた石垣で、関ヶ原以前に使われた石垣の工法だ。これが小西行長時代の宇土城の石垣だった。

以前の城を新領主が新しい城で覆うというやり方は、豊臣時代の大坂城を徳川秀忠が新たに覆って作った方法と同じであった。加藤が、関ヶ原に敗れた小西の痕跡を消したかったことが伝わってくる。宇土城も豊臣時代の大坂城と同じ運命を辿ったのである。

真実を知る風潮

今、宇土城は復元された石垣に覆われ、公園化され、市民の憩いの場になっている。

宇土市などで研究会や講演会を通じて小西行長の実像が明らかにする試みがなされ、今、彼の功績を正当に評価する機運が満ちている。

宇土市では2009年から「シリーズ再検証・小西行長」講演会を毎年2~3回開催しており、県内外から第一線の歴史、考古学などの研究者を呼び、小西行長の功績について学ぶ機会を設け、講演会は20回を超えた。

その後も「よみがえる小西行長公」というテーマで講演会が行われ、令和になっても続けられ17回を迎えた。講演をもとにした冊子「再検証 小西行長――謎の武将が今よみがえる」も第5集まで刊行されている。マスコットキャラクター「うとん行長しゃん」も作られ、市民から好評を博している。

マスコットは小西行長をイメージしたもので、鎧、兜をつけ、胸には十字架が描かれている。

今宇土城には県外からも歴史好きの人たちや歴女と呼ばれる若い女性も訪れる。ときには市長自ら小学生を城に案内し、説明するときもある。

研究者の調査成果の一つとして、小西行長が寺社を焼いた事実はどこまで本当だったのかという懐疑が指摘されている。

八代市立博物館学芸員の鳥津亮二氏の指摘によると、秀吉の時代に神社が荒廃して行くのは全国的な現象だったという。これは太閤検地によって中世以来の土地の所有権などが解体され、寺院や神社、檀家、支援者の既得権益は解体される。そのため神社やお寺は経済的に苦しくなり、衰退する。それは行長の領地の宇土や八代も同じであった。江戸時代の記録によれば、小西行長によって寺社が壊されたということは多く出てくるが、それ以前の時期で行長が命じて壊したという記録は一切ないという。現在明らかに寺社が焼かれたとする記録は釈迦院だけだと言われている。ただし行長が焼いたのか確証はない。

そして不思議なことに小西行長が出した発給文書、書状類の記録もかなり少ないものだという。歴史的に抹殺されたのではないかというのが専門家筋の見方である。

もう一つは「拾集物語」の著者、渡辺玄察は、行長に対して憎悪の感情を記しており、その中に、行長は徳川家康と敵対したので、加藤の時代には、行長に「殿」「様」の敬称をつけてはいけないと命令が出されたと記している。

〈かつての大名が、これほどうとまれた例があろうか。…清正との対比をみるとき、小西行長は、この肥後の地においてこそ、正当に評価され、復権してもよいのではないか。〉

（宇土市史編纂委員会編『宇土の今昔百ものがたり』p89）

しかし、「小西行長」という名を出すだけでもタブーとされていた時代と比べれば、その評価は雲泥の差である。宇土市の文化財担当者によれば、先祖代々行長を憎んだ古くからの神社の氏子、お寺の門徒も代替わりして、若い人の感覚で、行長を市のシンボルとして盛り立てようという動きが起こったのだという。

宇土市文化課学芸員の大浪和弥は言う。

「近年の研究や講演会を通して、寺社仏閣の焼き払いは後世の誤伝であると判明しましたし、現在に繋がる城下町宇土の礎を作り、豊臣政権では重要な地位になったこともわかってきました。研究者が歴史資料をもとに明らかにした成果で、市民の行長に対する評価は確実に変わりました」

講座、講演を粘り強く実施することで、小西行長は宇土市のアイデンティティとして生き、宇土の地域力を高めていく大きな役割を果たしていくだろう。

なお宇土城の天守は熊本城内の建築物に移設されたという説がある。一つは巷で長く語られている宇土櫓が宇土城の天守を移したものと言われている。もう一つは『宇土軍記』に記載された記述で、熊本城の天守の隣にある小天守が宇土城天守であるという説である。加藤清正は宇土を支配下にした後に、宇土城を改築しているので、宇土城の天守を何らかの形で熊本城の築城に活かしたことは考えられる。ただ今のところ決定打はなく、可能性としてとどまっているのが現状である。今後の研究の成果を見守りたい。

二度破城された城　関ヶ原が形を変えた〝静かな戦争〟

熊本県芦北町に佐敷城がある。この城は、天正16（1588）年、加藤清正（肥後52万石）によって築城された。

この城の物語は関ヶ原以後にある。江戸幕府は元和元（1615）年、諸大名の反乱を防ぐため一国一城令を発布する。領国に一つの城しか存続を認めず、多くの城を壊させた。清正の城も多くが破却された。佐敷城も建物、石垣が破却されたが、その後、幕府を震撼させた天草・島原の乱（1637年）をきっかけに、歴史に登場することになる。

これ以後、幕府は豊臣恩顧の諸大名の城が反乱の拠点とならないように、警戒を強めた。すでに加藤家は改易され、細川家が熊本藩主になっていたが、幕府は廃城になっていた城を完膚なきまでに破壊することを命じた。乱の翌年、佐敷城は石垣が一部残っているという理由で徹底破却を命じられた。加藤家の破却が不十分だったためである。芦北町教育委員会文化振興係の深川裕二は語る。

「私も二度破壊された城はあまり聞きません。天守があったのかどうかもわかっていません。佐敷城の調査で、城は軍事的な要塞だと思い至りました。要塞の中で敵をどう誘導するか。城門や櫓や塀や枡形の石垣など、巧みに造られている。すべての要素が組み合わさって城は完成されます。天守はその一要素に過ぎません」

「天下泰平國土安隠」と銘のある鬼瓦や桐紋入り鬼瓦が出土した。桐紋は豊臣家の家紋だから、清正への信望が厚かったことを示す。なお、二度破却した例として熊本県南関町の鷹ノ原城、同水俣市の水俣城などがある。いずれも加藤清正の領内の城である。関ヶ原の余韻はまだ、終わっていなかったのである。

4　五奉行　長束正家の「水口岡山城」は一夜城で復活

▲アクセス　滋賀県甲賀市水口町水口　近江鉄道本線、水口駅下車、国道307号線沿いに徒歩7分で登山口。

五奉行が城主となった城

これまでに記した武将たちは、関ヶ原の合戦で主要な役割を担い、華々しく戦って負けた。それゆえ己の信じた道を歩み悲劇のヒーローにもなりえた。だが戦では、西軍、東軍と立場を鮮明にできない小大名も存在する。大義名分がどうであれ、彼らは所領を安堵され、生き残ることが何より大事なのである。

そのうちの一人が五奉行の長束正家である。彼の居城は水口《みなくち》岡山城（滋賀県甲賀市水口町）で、天正13（1585）年に古城山（標高282・5メートル）に築かれた。豊臣秀吉の東国制覇の拠点のための城である。築城したのは秀吉子飼いの家臣である中村一氏である。

当時近江は秀吉政権にとって勢力圏の東端にあたり、水口岡山城は東海道を抑えることで東国進出への足掛かりとなる城だった。実際に城に立てば、西には比叡山が見え、琵琶湖も臨むことができる。東は鈴鹿山脈など山が多く、下には東海道が通り、交通の要衝でもあった。

中村の後は、五奉行となる増田長盛が城主となり、文禄4（1595）年には長束正家が城主となった。増田、長束と行政機関の要職にある二人が城主だった点に、秀吉がこの地を忌憚なく政権運営するための重要拠点としたことが見てとれる。

長束正家は理財の才に非常に優れ、金銀の出納、運上金の奉行を務め、北条氏の小田原平定では兵站業務を滞りなく遂行させた。

秀吉の天下統一後は、太閤検地や伏見城の工事に手腕を発揮した。正家の所領は当初は1万石だったが、5万石に加増された。行政面に手腕を発揮した彼だが、関ヶ原では西軍に属しながら戦っていない。主戦場から4キロ東に離れた標高419メートルの南宮山の麓に陣を構え、戦では動かなかった。小早川秀秋の裏切りで西軍が壊滅すると、戦線離脱した。

正家はなぜ辺鄙なところに陣を敷いたのか。どちらが勝っても生き残れるように徳川家康に内通していたのか。はっきりしているのは優柔不断の武将だったという点である。

結局、東軍、西軍双方からも信用を無くし、居城に戻って東軍に囲まれ、日野佐久良谷（滋賀県日野町）で切腹した。首は京都の三条河原にさらされ、改易されたため、城は城主を失い廃城となった。

櫓など建物と石垣は、元和6年（1620）の水口御殿（古御殿遺跡）や寛永11年（1634）の水口城の築城に際して転用されたとみられる。その後城跡地は水口藩の御用林となっていたが、寺社の再建や修復にも石垣の石材が使われていた可能性もある。

近代から地元の人々はこの地を城山と呼んでいたという。

山城に近世城郭の要素を併せ持つ

水口岡山城がにわかに注目を浴びたのは、2012年に甲賀市歴史文化財課によって発掘調査がなされたことからだった。調査は同27年まで続けられた。

甲賀市歴史文化財課の小谷徳彦は言う。

「寛永年間（17世紀前半）の絵図には、伝本丸の東西両端に高まりがあって、東側に天守との記載があります。発掘すると、絵図と同じように櫓台が本丸の東端と西端にありました。西側が築城当初、中村一氏の時代に建てられ、東側は長東正家の時代に整備されたことが調査で判明しています。東西の櫓はいずれも同規模と考えられ、どちらかが天守相当の櫓だったと考えられます」

竪堀（佐和山城）

櫓台跡と思われる場所は、丘上の土壇になっているが、発掘調査では、廃城になったときに地下に埋められた櫓台の石垣が検出された。1メートルほどの高さの石垣で作られた櫓台だったと思われる。

2つの櫓の構築時期は異なる。それは出土する瓦の違いで判明した。西櫓台の近くからは寺院から転用した瓦が多く見られ、矢川寺遺跡（甲賀市甲南町）と同じ范（型）で作った瓦が見つかった。「矢川雑記」（享保年間の成立）には、城主の中村一氏が矢川寺から資材を運んだという記載があるので、中村が築城したときに作られたのだろう。

東櫓台では、文禄4年（1595）に廃城となった大溝城（滋賀県高島市）から運ばれた瓦と、新規に水口岡山城のために生産された瓦が見つかっており、長東正家の時代に大溝城から資材が運ばれ、不足する資材を新規で調達して、東櫓の整備が進められたのだろう。

推定だが櫓はともに三層の建物と推定され、高さは10メートルほどあったと思われる。丘陵に立つ天守相当の2つの櫓は、平地から見ると壮観に感じられたことだろう。

発掘調査前から伝本丸の北面5箇所で石垣が残っていることが知られていたが、調査によって大手道と推定される道沿いの曲輪にも石垣が見つかり、本丸の南面でも石垣が築かれていたことが明らかとなった。これらの石垣の多くは、上下2段に分けて築かれ、上段が約8〜9メートル、下段の石垣が約5〜8メートルであったと考えられる。約300メートルある伝本丸の周囲は石垣で囲まれていたのだろう。また伝本丸以外の、伝西の丸、伝二の丸、伝三の丸、伝出丸は石垣ではなく、切岸で構築されたようである。

城の斜面には「竪堀《たてぼり》」（城の斜面に沿って作られた堀で敵の横移動を防ぐためのもの）や「竪土塁《たてどるい》」（斜面に沿って作られた土塁。用途は竪堀と同じ）が設けられ、戦国時代の山城の特徴も有する。東国制覇を意識して築かれた城のためかもしれない。とくに城が作られた1年前には小牧長久手の戦い（1584年）があり、羽柴秀吉は徳川家康、織田信雄連合軍と戦ったが、かなりの苦戦を強いられ和睦した。また北陸の佐々成政や関東の北条氏政らとも戦いを余儀なくされ、秀吉には「家康恐るべし」という思いがあったのだろう。そんな政治情勢の中に、水口岡山城の意義があった。

構造から、中世の山城から近世期の城に移行する時期の城だとわかる。秀吉は東国の大勢力である徳川家康や北条氏を相当意識していたようだ。石垣と瓦葺建物の導入などは、甲斐支配の象徴としての意味合いも強かった。

しかし城が栄華を誇った時期は短命だった。

バルーンの天守で脚光を浴びる

水口町では水口岡山城も、長束正家もなじみが薄かった。「一般社団法人水口岡山城の会」の専務理事・池田吉希はこう語る。

「お城があったらしいと聞いていましたが、砦みたいなイメージしかなく、城自体に関心はありませんでした。それが発掘調査で天守のような櫓があったと聞いてびっくりして、皆が興味を持つようになったのです」

水口岡山城の天守を模したバルーン（水口岡山城の会提供）

発掘調査も話題になり、もっと城の存在を知ってほしいと、2012年9月に水口青年会議所が段ボールで水口岡山城を再現する「一夜城プロジェクト」を行った。町のランドマークが欲しいという人々の願いもあった。

池田は言う。

「水口岡山城を中心としたまちづくり事業はできないかと考えました。そのためにビジュアル効果としてイベント用の模擬天守が不可欠でした。新名神高速道路もでき、観光に生かすため、城研究の素人が集まって作った城があってもいいと思ったのです。市民のシンボルとして作ることで、皆さんの誇りになり、町の景色もよくなりますからね」

2013年7月に住民有志（28名）で「お城のあるまちの復活を！」をスローガンに「一般社団法人水口岡山城の会」

が結成された。趣旨はこうである。

〈私達は、市民の目線で、水口岡山城の復元・整備の促進と、市民意識高揚のための文化遺産と触れ合うイベント、歴史観光等の研究会、学習会等を開催し、この文化遺産をシンボルとしたまちづくりや、甲賀の文化観光都市としての飛躍、さらに市民の郷土意識向上、次代を担う子どもたちへの継承につなげていきたいと考えています。〉（設立趣意書より）

まずは模擬天守である。段ボールで城を作ると毎年１００万円以上の出費となり、市民の賛同も得られず、イベント継続も困難だった。そこで会は、大和郡山市、津山市、鳥取市など、模擬天守イベントを行う場を調べに行った。その中で津山市はバルーンを活用していた。バルーンは何度でも利用でき、子どもにも人気がある。３５０万円で制作でき、10年は継続して使えるという。これだと単年度でかかる費用は35万円と安い。

天守はバルーンで再現することになり、幅、奥行きは8メートル、高さは11メートルで作られた。天守の高さは、櫓と殆ど同じである。天守の推定図は、広島大学大学院教授の三浦正幸が制作した。

２０１４年4月17日から20日にイベント、「よみがえれ水口岡山城２０１４」が開催され、西の丸に展示された。夜にはライトアップされ、道しるべとして「水口岡山城」と書かれた提灯（ＬＥＤ電球照明付）が登り道に置かれた。道には歴代城主の中村一氏、増田長盛、長束正家の名前や城名の入った幟も約50本立てられ、山が華やぎに包まれた。城下から古城山を見れば、雄大に聳える天守が光に照らされて威容を誇った。その光景に市民は思わず息を呑んだ。

西の丸に来場した人は３０００人に達した。発掘調査も見学する「歴史探訪ウォーキング」も実施され、専門家による説明もなされた。

来場者のために寄せ書きコーナーも作られ、そこには多くのコメントが寄せられた。

〈水口を愛する若者たちが、水口岡山城の復元をめざして頑張っている姿は、すばらしいものである〉

〈地元にいながら触れることのない歴史を知ることができ、これからも楽しい企画を期待しています〉

〈遠くから見たら本物のお城かと思うほど立派です〉

現在も毎年春に「よみがえれ水口岡山城」のイベントは開催されている。2021年は夕方に古城山から花火約500発が打ち上げられた。

会は「一夜城イベント」だけでなく、水口岡山城や故郷の文化や歴史について、市民の意識を高めるようシンポジウムを開催し、地域の歴史を学ぶ機会を設けることで、未来を担うこどもたちへ継承させていくことも目的としている。

その精神は「よみがえれ水口岡山城2014報告書」にある。

〈IT化が進み情報格差が少なくなった現代の社会で、利便性が向上した反面、失われつつあるものが沢山あります。特に自分の住むまちに対する愛着や住民同士の繋がりは薄れる一方だと感じる方も多いのではないでしょうか。今回のイベントだけでは、どこまで地域の中のその状況に一矢報いることができたか未知数です。しかし、多年層の参加者の想像以上のご声援や、連日のマスメディア取材による情報発信などで、多くの方にこのまちの持つ無限の可能性を感じてもらうことができたと自負しております。…今後とも継続的な取組みを続けることで、住民の郷土愛向上、次世代への文化継承、ひいてはソーシャルキャピタル（地域力指標）の高いまちづくりに繋げていけると確信しています。〉

町が生き生きと力を持ち、勇気を与える中心軸に水口岡山城がある。しかも次世代に繋げる史跡であることに目を留めたい。

現在、散策マップは、水口岡山城の会、ロータリークラブ、観光協会などが主体で作成し、来場者に配慮がなされている。城へも東京、名古屋、岐阜、京都、大阪、岡山など各地から訪れる人も多い。草の根的に市民の力によって城の存在感が高まっている水口岡山城の事例は、文化財保護と活用の在り方として一石を投じている。

第2章　大河ドラマに登場する城を歩く

「天守のない城」は小説をはじめ、映画・テレビなど映像の世界にもよく登場する。主人公の武将の生きざまが、城そのものに色濃く埋め込まれている。ただ意外なことに表立って話題になることは少ない。一時代を築いた城は今どうなっているのだろうか。その殆どに天守がない。大河ドラマに登場する城の物語を紹介したい。

1　「真田丸」ゆかりの城

沼田城　戦国の智者

▲アクセス　群馬県沼田市西倉内町594　沼田駅下車徒歩12分

テレビドラマで群を抜いて注目されるのが、真田氏である。池波正太郎の『真田太平記』など関連出版物は多く、2016年の大河ドラマ「真田丸」も好評だった。

真田家は小領主ゆえに多くの武将に仕えて、戦国時代をしぶとく生き抜いてきた。武田信玄・勝頼、織田信長、その後も上杉、北条、徳川に従い、秀吉配下の大名となった。

真田氏が生き残るために大きな選択を迫られたのが、関ヶ原の合戦だった。西軍につくか、東軍につくか、真田が生き残るために取った方法は、どちらが勝っても家名が残るように、双方の軍に親兄

沼田城、大手跡

弟が分かれてつくことだった。

真田昌幸と次男信繁（幸村）は西軍に、長男の信幸は東軍についた。信繁の妻は西軍の中心武将大谷吉継の娘であり、信幸の妻は家康の重臣本多忠勝の娘という事情もあった。その中で東軍は勝利し、昌幸と信繁は和歌山県の九度山（和歌山県伊都郡九度山町）に幽閉されたが、東軍の信幸は本領を安堵された。

真田ゆかりの城としてまず史実に登場するのは群馬県沼田市の沼田城である。この城の歴史は古く、現在の場所に城が築かれたのは16世紀だった。

沼田城は、JR上越線沼田駅から滝坂と呼ばれる急な坂道を上った台地上にある。城の西を利根川が、北を薄根川が流れ、利根川に合流している。河岸段丘上に作られた城で、2方向を川に囲まれた要害の地でもある。戦国大名にとっては関東進出の拠点になる城なので、戦国大名の上杉、武田、北条らは熾烈な争奪戦を行った。一時期、上杉謙信の手に落ちたが、武田氏配下の真田昌幸が攻略した。その後も北条氏との争いがあったが、天正18年（1590）、豊臣秀吉の小田原攻めで北条氏は亡び、真田昌幸の城となった。昌幸は、嫡子の信幸を城主として遣わした。

信幸は城、城下町を整備し、石垣、櫓などを備えた近世城郭として沼田城を改修した。17世紀半ばの正保年間に幕府が作らせた「正保城絵図」には、堀や土塁とともに5層の天守も描かれている。天守は慶長元年（1596）から同2年の間に建てられたと思われる。

関ヶ原以後、信之（信幸から改名）は上田城が幕府によって破却されたため、沼田城を本拠地として治政を行った。元和元年（1615）の大坂夏の陣から城の本拠を上田城に移し、沼田城は長男の信吉に任せた。その後、明暦4（1658）年に沼田領は真田本家から独立し、沼田藩3万石となった。しかし5代藩主の真田信利が、幕命である江戸両国橋架け替えの用材調達が遅れたために改易されてしまった。このとき沼田城の天守、建物、石垣も破却され、堀も埋められた。その後この地は天領を経て、本多氏、土岐氏などの藩主が入ったが、城が大きく復興されることはなかった。

破却されたために、城の全貌ははっきりしなかったが、金箔瓦が昭和60（1985）年に本丸の一角から出土した。金箔瓦は豊臣氏一門やそれに準ずる大名の城で見られる貴重な瓦である。このことは真田家が秀吉から信望が厚かったことを窺わせる。

2015年の本丸堀の調査では、「正保城絵図」の石垣3間（約5～6メートル）の位置を掘ると、破却を免れた石垣の下側部分と、軒丸瓦、軒平瓦などが出土した。翌年の調査では最深12メートル近くまで調査し、軒丸瓦、軒平瓦のほか金箔も出土した。

町を歩くと城の名残を見出すことができる。道路から一段低い位置に造られた駐車場があった。ここはかつて堀があったと推定される場所である。十分に堀を埋めずに、その地形が今も残っている証しである。城の傍の小学校にも城門があったという。

徳川軍を二度撃破した上田城と真田信之の松代城

▲アクセス　上田城・長野県上田市二の丸　上田駅下車　徒歩15分
松代城・長野県長野市松代町松代44
ＪＲ長野駅から川中島バス「松代線」約30分、「松代駅」バス停下車、徒歩約５分

真田氏を代表する城が上田城である。二度にわたって徳川方の大軍を撃破した城として知られる。真田氏以前は小泉氏という土豪が城館を構えていたが、天正11（１５８３）年、真田昌幸が本格的な城郭として整備し、拡張した。

矢出沢川の流れを変えて外堀とし、千曲川が形成した尼ヶ淵の断崖を活用して要害とした。内堀も巡らせ、土塁を構え、断崖上にある守りに効力を発揮する城となった。

上田城にいた真田昌幸は天正13（１５８５）年に徳川家康率いる７０００の大軍をわずか２０００の兵力で奇策を使って打ち破った（第一次上田合戦）。慶長５（１６００）年の関ヶ原の合戦では、徳川秀忠が真田昌幸・信繁親子に再び辛酸を舐めさせられている（第二次上田合戦）。

中山道を通って、関ヶ原に合流予定の徳川秀忠軍３万８０００の兵は、行路途中の上田城に襲い掛かった。上田城を守る兵は２５００に過ぎなかったが、相手を引き寄せては反撃するという昌幸の戦術に散々翻弄され、秀忠軍はいたずらに時間を費やすばかりであった。秀忠軍をくぎ付けにして、関ヶ原へ行かせないという昌幸の作戦が効を奏したのである。秀忠軍は上田城を落城できず、関ヶ原本戦に遅参するという大失態を侵してしまった。

関ヶ原の合戦の後、上田城は幕府によって徹底して破却された。家康にとってよほど腹に据えかねる城だったのだろう。この地は東軍についた真田信之の領地となったが、彼は幕府を慮って城を本格的に再興せず、自らの屋敷を三の丸に設けた。堀で囲まれた静かな場所にあり、土塁と門は当時のままである。

城が復興されるのは、元和8年（1622）の仙石氏の入城後である。寛永年間に櫓が7つ建てられた。今城にある3つの櫓は仙石氏のときのものである。

上田城櫓

上田市役所上田城跡整備室長の和根崎剛は語る。

「第一次上田合戦が始まる前に天守があったという説もあります。本丸堀から桃山期の瓦に混じって金箔瓦も出土していますので、沼田城にも天守はあったので、三層程の天守を持っていたかもしれません。ただ現状の上田城は、石垣が美しい天守のない城としても親しまれていますので、天守の有無は城の歴史的な魅力とはあまり関係ないと思います」

大河ドラマ「真田丸」が放映された2016年は城内にある上田市立博物館への入場者は約60万人にのぼり前年度の27万人から大幅に増えた。

元和8（1622）年に信之は松代へ移封される。譜代大名扱いではあったが、父も弟も徳川に歯向かった過去がある。真田の地元から切り離すというのは、幕府のねらいがあったと見

松代城本丸

るべきだろう。このとき彼は58歳。6万5000石から10万石への加増だったが、心境は複雑だった。家臣に宛てた信之の書状にはそんな嘆きが伝わっている。

〈我等もはや老後に及び、万事入らざる儀と分別せしめ候へども、上意と申し……〉

　信之の居城となった松代城は、武田信玄が築いた海津城と呼ばれる城だった。上杉氏との川中島の合戦を考慮し築かれた、軍事拠点となる城だった。信之が来たときには、土塁中心の中世の城郭部分を残しながらも、石垣や門、本丸に二層の櫓が3つ築かれていた。天守はなかった。信之は大きな改修をせずに、このまま城を使った。

　信之はこの城で明暦4（1658）年に93歳で亡くなった。当時としては驚くべき長命である。以後、松代藩は真田氏が幕末まで治め、明治維新を迎え、城は取り壊された。

　1995年から本格的な整備が始まり、本丸、二の丸が城址公園となり、本丸の太鼓門、橋詰門、北不明門や井戸などが復元されている。

2　「麒麟がくる」の明智光秀の「坂本城」のその後

▲アクセス　滋賀県大津市下阪本3丁目　京阪電車松ノ馬場駅下車徒歩13分

夢破れた風流人光秀は何を見る

織田信長配下の諸将で最初に天下取りへ王手をかけながら、秀吉との山崎の戦いに敗れて敗死したのが明智光秀である。2020年の大河ドラマ「麒麟がくる」で主人公となり、多くの人に光秀の存在が胸に刻まれたことだろう。

彼は秀吉よりも年長で、教養人だったが、悲劇の生涯を終えた。ドラマにはたびたび坂本城が登場し、窓から見える琵琶湖が美しかった。

光秀は天正8年（1580）に信長から丹波一国34万石を与えられ、八上城、亀山城、坂本城の城主になるが、光秀を象徴する城はやはり坂本城である。

坂本城跡は大津市下阪本の琵琶湖畔に面した場所に碑が立っている。築城されたのは元亀2年（1571）で、比叡山焼き討ちに対して功績があった光秀に信長は築城を命じた。現在城の名残を感じさせるものはなく、城跡と思われる部分が公園化され（坂本城址公園）そこに光秀の像がある。中年の年代であろうか、貫禄のある太った体に鎧をつけた姿で思案しているような、思慮深い表情が印象に残る。

光秀が丹波という京に近い重要な場所を治めたのも、信長から信頼が厚かったことを示している。

坂本城表門・聖衆来迎寺

光秀の生誕は、『明智軍記』『細川家文書』の享禄元年（1528）説、『当代記』の付記による永正13年（1516年）説などがあるが、他にも諸説あってはっきりしない。秀吉は天文6年（1537年）生誕説が有力だから、どちらにしても光秀のほうが年長である。本能寺の変のときは、光秀は50代から60代と思われ、当時としては年長者である。

秀吉がいくら活躍していたにしても、彼は長浜を起点に、播磨、姫路を治める立場でしかない。だが光秀は丹波、坂本と京に近い。信長は、彼の年長者としてのキャリアを重んじたのだろう。それだけになぜ光秀が信長を襲ったのか疑問が残る。ともかく本能寺の変が光秀の運命を決定づけた。

しかし山崎の合戦で敗死した光秀は、坂本城に戻る途中で、農民に襲われ、敗死した。このとき坂本城は、光秀の重臣の明智秀満が守っていたが、秀吉方の軍勢に囲まれ、秀満は腹を切って城に火を放って自害した。

その後新領主の丹羽長秀によって城は再建され、杉原家次、浅野長政が城主となる。その後京への交通手段として大津が注目されるようになった。天正14年（1586）に秀吉は坂本城を廃城にして、大津城へ移転を決める。このとき坂本城の石垣や建物は大津城築城のため持って行かれた。そのために今も坂本城の姿は残っていない。

ただ遺構の一部は伝承としていくつかの寺に残っていた。そのうち聖来迎寺（大津市比叡辻）の表門が、滋賀県教育委員会によって数年前に解体修理され、坂本城城門の遺構であると見解が示された。坂本城は、元亀2年（1571）に築城されたから、天正4年（1576）に築城された安土城よりも5年も早く建てられた。安土城が本格的な天守の始まりと言われているが、坂本城には天守が存在していたという。ルイス・フロイスの「日本史」にも、天守と小天守の記載が見られる。

しかし天守は何層とは書かれていないので、坂本城は三階建てか二階建ての建物の可能性が高い。櫓を高くした程度の建物だったのだろう。

坂本城の縄張りは部分的な発掘である程度は想定されているが、細かい部分はわからない。現在の光秀の像のある公園は本来の坂本城の場所ではない。そこから北側へ進むと、宅地やオフィスが建っているが、その湖畔部分が本丸だと言われている。琵琶湖の水位が低いときには石垣の一番下の部分が湖面から見えるときがある。

坂本城は信長の延暦寺焼き討ちで、大きな被害を受けた。信長は寺の山門などの再興を認めなかったが、この後坂本城主になった光秀は町の復興に尽力した。そのため地元では復興の恩人とみられている。坂本城は琵琶湖を城に取り込んだ構造をしており、風流人でもあった光秀は、この城で京の商人と茶会をしたこともあった。小天守から小舟を出して、彼らを京まで送ったという記述も見える。

山崎の合戦の後、坂本城は、新しく領主となった丹羽長秀が城主となった。

廃城後、坂本城の部材が移された大津城も、関ヶ原の合戦では東軍の京極高次が籠城するなど戦の舞台となった。また関ヶ原の合戦後、捕らわれた石田三成が護送された城でもある。TBSドラマ「関ヶ原」では、捕縛された三成が城門の入り口に晒され、東軍諸侯と再会する場面が描かれている。

大津城も関ヶ原の翌年に家康は廃城にしてしまう。この城の天守は、彦根城に移築されたと言われる。彦根城の天守の解体修理のときの調査で、そのまま移築したのではなく、柱など建物の部材を使って、再利用したと言われている。また部材は彦根城の他に、新たに琵琶湖畔に築城された膳所《ぜぜ》城に使われたと言われている。

現在、琵琶湖に面した場所に、大津城の説明が立っているが、これ以外に城の光景を見出すことは不可能である。

3　忠臣蔵「赤穂浪士」「元禄繚乱」「峠の群像」などの「赤穂城」

▲アクセス　兵庫県赤穂市上仮屋1番地　JR赤穂線、播州赤穂駅下車、徒歩13分

赤穂浪士もたびたび大河ドラマに取り上げられる題材だ。古くは1964年の「赤穂浪士」、75年の「元禄太平記」、82年の「峠の群像」、99年の「元禄繚乱」がある。

幕府も安定期に入った元禄時代、突然世間を驚かす事件が起きる。元禄14年（1701）、赤穂藩主で勅使饗応役の浅野長矩《ながのり》が江戸城松の廊下で高家筆頭の吉良義央《よしひさ》に斬りかかったのである。長矩は切腹を命じられ、浅野家は改易、一方吉良家はお咎めなしの沙汰が下った。この裁断の1年後、長矩の家臣が吉良邸に討ち入る、世にいう「忠臣蔵」に描かれた事件が起こった。

浅野家の居城は兵庫県赤穂市の赤穂城である。13年かけて造られ、寛文元年（1661）に完成した。縄張りは甲州流軍学（武田信玄の戦術を理想化した軍学流派）を基にし、当時浅野家に招かれていた儒学者、山鹿素行の助言で二之丸門付近を設計変更したといわれる。本丸は二之丸に囲まれた輪郭式、二之丸は三之丸に二方向を囲まれた梯郭式と呼ばれる縄張りになっており、日本でも珍しい変形輪郭

式の海岸平城である。１９７１年に城は国の指定史跡になった。

赤穂市文化財課文化財係の荒木幸治が城の特徴をこう語る。

「やはりすべての縄張りが残されていることですね。これは珍しいことです。五稜郭のような形ですが、新型城郭の始まりという感じもします。軍学を基に本丸門の土橋もわざと曲げてあり、守りは完璧で、攻略するのは厳しいと思います」

赤穂城本丸

非常に攻めにくい構造になっているのは石垣にも当てはまる。随所で折れ曲がり、二之丸水手門脇では曲線状に90度曲がっている。城側は放射状に弓や鉄砲で攻撃できる利点がある。甲州流軍学を体現した城である。
赤穂城にも天守台はあるが、幕府に遠慮したのか財政的な問題があったのか、天守は造られなかった。天守台に上ると本丸御殿跡が一望できる。御殿跡は畳敷きの間取り復元がなされ、建物の各部屋を想像することが可能だ。打ち込み接ぎ（石を削って加工し、隙間に小石を入れて詰める方法で、関ヶ原前後に多く見られた）の石垣を積まれた天守台が壮大な存在感を誇る。本丸庭園、二之丸庭園など静寂な景観もあり、刃傷事件の印象と無縁な空間であるのは、絢爛たる元禄文化の反映であろうか。
90年代に本丸庭園の復元・整備が進み、２００２年に旧赤穂城庭園（本丸庭園・二之丸庭園）は国の名勝に指定された。

4　大河ドラマ脇役たちの城

ここまでは大河ドラマで主役を演じた武将たちの城を取り上げたが、ドラマでは脇役たちの生き方にからも目が外せない。そんな人物たちが関わった城にも触れたい。

淀君の「淀古城」　栄華を誇った秀吉の〝影〟の象徴――「太閤記」「黄金の日日」「おんな太閤記」

▲アクセス　京都府京都市伏見区納所北城堀　京阪電車本線・淀駅から徒歩約10分

豊臣秀吉の城は多くが廃城になっている。大坂城は大坂夏の陣で廃墟と化し、石垣が土中に埋もれている。長浜城や伏見城はすでに無く、後陽成天皇を迎えるために作られた聚楽第も京都市の地下に眠る。朝鮮出兵の拠点の肥前名護屋城も石垣のみが残っているだけである。いずれも歴史の教科書で必ず語られる城だが、廃城という事実に、改めて城の定めを感じざるを得ない。

秀吉の築いた城の中で、もう一つ廃城になったものを思い出した。晩年の秀吉を語るになくてはならぬ人物、淀君のために作られた淀城である。淀城には同じ名称で、京都市伏見区に江戸幕府によって作られたものがあり、これと区別するために前者を淀古城と呼ぶ。

現在この地は住宅街で、城の痕跡を見つけることは至難の業である。城跡に妙教寺があるが、その庭に「淀古城祉」の門柱が立っているだけである。

ただ、この城の由緒は深い。応永25年（1418）に山城国の守護所が置かれ、永正元年（1504）には畿内の権力者細川政元に対して被官の薬師寺元一が反旗を翻し、淀古城に籠って激しい戦いが行われた。その後も何度も戦が起こったが、著名なのは天正10年（1582）の本能寺の変である。明智光秀は本能寺で織田信長を襲った後、秀吉との合戦に備えて、この城を普請したという。

秀吉の時代になると、天正14年（1586）～16年（1588）頃に大規模な改修工事を行い、茶々の産所とした。ここから彼女は淀殿と呼ばれるようになった。天正17年（1589）秀吉待望の嫡子である鶴松がこの城で生まれたが、病のため3歳で死去した。

淀古城跡門柱

京阪電車淀駅から西に登り、道をゆけば桂川に出る。また淀駅を挟むように宇治川が流れ、その南を木津川が流れる。この三川は西側で合流するが、淀古城はこれらの川に挟まれて築かれており、天然の防御に優れていた。

京都市文化財保護課の馬瀬智光は言う。

「秀次の祐筆である人が書いた〝駒井日記〟には、淀古城の天守を、伏見城（初期の時代は指月伏見城と呼ぶ）に移築していると記述があります。駒井日記は同時代に書かれた一次史料ですから、信頼性も高く、天主はあったと考えています」

『宇野主水日記』にも淀城には天守があった

と書かれている。ルイス・フロイスの『日本史』には5万人が集められ、大掛かりな工事が行われたとある。現在はそんな栄華は見いだせないが、付近の地名に北城堀、南城堀という、かつて堀が存在したことを示す名称が残っている。

妙教寺の東隣に納所小学校がある。その校舎と寺の境目は深く土地が削られ、急斜面の下に小川が流れている。これが南城堀である。東側の旧京阪国道を超えると、コンクリートに覆われた水路が北に曲がり、桂川にそそぐ。これが北城堀である。

淀古城は秀次の切腹事件に翻弄される。秀吉に待望の嫡子秀頼が生まれると、それまで後継者の扱いを受けていた関白秀次と秀吉との間で軋轢が生じるようになる。彼は謀反の疑いをかけられ切腹を命じられ、彼の妻子、侍女、乳母ら39名も殺された。彼のいた聚楽第も破壊された。このとき淀古城には秀次の家老木村重茲がおり、18万石を領したが、彼も秀次を擁護したために切腹を命じられ、長男も梟首《きょうしゅ》、娘も磔にされた。

文禄元年（1592）に秀吉の隠居所となる指月伏見城の築城が始まると、淀古城の石垣や櫓などの建築資材もすべて持って行かれ、文禄3年頃に淀古城は廃された。指月伏見城の天守に淀古城の部材が使われたが、その城も文禄5年（1596）に完成をみるが、その直後に慶長伏見地震によって倒壊した。

秀吉は鶴松の死去から人生の歯車が狂いだしたように思われてならない。それまでとんとん拍子に天下人として華やかに歩んだ彼に、老いの焦りと、独裁者としての妄執が生まれたと考えるのは早計であろうか。淀古城もそんな秀吉の影の部分を象徴した貴重な城だろう。

勝者も無残　関ヶ原功労者の末路「福島正則居館跡」――「おんな太閤記」「徳川三代」

▲アクセス　長野県上高井郡高山村大字高井堀之内196　JR長野駅 長野電鉄長野駅から須坂駅、長電バス堀之内下車、徒歩3分

関ヶ原に勝利した東軍の外様大名の末路も哀れであった。勝利の最大なる功労者に対しても幕府の仕打ちは容赦なかった。とくに影響を受けたのが豊臣恩顧の武将たちである。福島正則は、その犠牲になった一人だ。

福島正則屋敷の標木

正則は、幼少から秀吉に仕え、市松と呼ばれ可愛がられた子飼いの武将だった。だが気性は荒く、東軍についた加藤清正と性格は似ていた。石田三成憎しという思いが強く、関ヶ原の合戦では家康につき従った。むしろ「三成憎し」の感情を家康に籠絡され、利用されたと見るべきだろう。しかし勇猛果敢な正則の戦いぶりは凄まじいの一言に尽きた。合戦当日は西軍の主力宇喜多秀家の軍と死闘を繰り広げた。もう一つの彼の功績は、まだ多くの諸大名が徳川方につくか決めかねているとき、上杉征圧の途中立ち寄った小山での評定で、豊臣恩顧の福島が真っ先に徳川方に味方すると宣言し、多くの豊臣方の大名たちが雪崩を打ったように徳川方につくきっかけを生んだことである。この瞬間に関ヶ原での東軍の勝利は決まったとも言えるだろう。

関ヶ原の合戦後、正則は尾張清州24万石から、安芸一国を賜り、49万国の大大名に抜擢された。だが人情味があり、秀吉から受けた恩を忘れない正則は、いつも大坂城にいる秀頼の身の上を案じていた。そのため彼は大坂の陣にも参加を許されず、家康没後の元和5年（1619）、広島城石垣の無断修理を咎められ、福島正則、忠勝親子は領地を召し上げられ、信濃国川中島四郡中の高井郡と越後国魚沼郡の高井野藩4万5000石に減転封の命令を受けることとなった。

その後の正則の歩みはあまり語られないが、彼が晩年を過ごした居館が長野県上高井戸郡高山村高井寺にある。現在は長野県指定史跡となっており、「福島正則居館跡」と呼ばれている。周囲を水田に囲まれた人口6800人ののどかな場所である。

正則は嫡子の忠勝とともにこの地に移った。もともと居館は中世の豪族須田氏一族の屋敷であり、13世紀に堀と土塁を巡らして方形の居館となり城塞としての機能が高められた。この地形を取って「堀之内館」とも呼ばれた。この地に正則が移り住み、政務をとった。館の東、北、南の三方に土塁と堀があった。堀は県道となって残っていない。この地に高井寺が作られ、寺の本堂の裏側に長さ10メートル、高さ2メートルの当時の土塁が残っている。また寺の周囲を石垣のように石積みで覆われているが、これは安政2年（1855）の改修で作られたもので、福島が領主だったときは、幕府に遠慮してか、従来の中世的な居館をそのまま使用していた。広島から連れてきた家来は30人ほどだったという。

改易されたとはいえ、4万5000石の領主である。きわめて質素な屋敷だが、それが彼が示した幕府への従順さだった。

移転して1年後に、正則は嫡子忠勝を急病で失った。一説には幕府による毒殺とも言えるが死因ははっきりしない。篤実な武将でもあった彼は、このとき忠勝の領地2万5000石を幕府に戻している。彼が福島館で過ごしたのはたった5年だったが、正則はただ余生を全うするだけの人物ではなかった。嫡子を失った失意にもめげることはなく、扇状地に流れていた川の水の氾濫を防ぐために千両堤という堤防を築き、新田開発や用水堰を作った。前の領主の松平忠輝のときは過酷な年貢で農民は逃亡することも多かったが、前の検地帳を破棄し、131石を無地高、すなわち土地が存在しない石高にして年貢を大幅に減免することに成功した。このため逃げ出した農民は村に戻ることができたという。

正則は寛永元年(1624)に64歳でこの居館で亡くなった。夏のさなかであったので、家臣はすぐに火葬したが、幕府の検使の到着の前に行ったことで、咎めを受け所領は没収された。後3000石が末子の正利に与えられたが、彼が37歳で病没すると、後継ぎがいないために取り上げられた。

高井寺には「義助」と銘のある刃先60センチの槍が保管されている。室町時代から名刀と呼ばれた刀鍛冶の作ったもので、彼はこの地でも最後まで肌身離さず大事にしていたものである。また、寺には一掛軸も残されており、京都の絵師が描いたと言われている。正則のこの地に移って亡くなるまでの足跡を和紙に描いた5枚の絵で、家臣の様子、家康からもらった馬、嫡男の死に対する運命への怒りと哀しみ、家来に指示を出す様子などが描かれている。この絵から福島館の様子も知ることができる。

高井寺は、福島正則の菩提を弔うために、この地に移築された。住職の小野澤憲雄は館の入り口に立って呟いた。

「福島正則は戦地蔵と言って、戦場で戦った後に家来に地蔵を運ばせてその地に立たせたんです。

やはり戦とはいえ、戦死した者には成仏してもらいたいという願いがあったのですね。家来に拝ませていました。敵もあっぱれという気持ちを持っていました。そんな彼も幕府に追われましたが、この地でも晩節を尽くし、最後まで地元のために仕事を全うしたのですね」

そこには秀吉恩顧の武将として、最後まで自分に忠実に、そして農民のために生きた彼の実直な姿が伝わってくる。

悲運の大納言忠長、最期の城の「高崎城」――「春日局」「葵徳川三代」

▲アクセス　群馬県高崎市高松町　高崎駅下車　徒歩13分

徳川家康の後を継いで、２代将軍となったのが秀忠だった。彼の３男が忠長である。彼は慶長11年（１６０６）に秀忠正室のお江与を母として生まれた。彼の２歳上には同じ母を持つ竹千代こと後の家光がいた。忠長の幼少名は国松と称し、容姿も優れ聡明なためお江与は竹千代よりも国松を愛し、秀忠の後継者と目されていた。だが竹千代の乳母春日局の働きで、彼女が家康に直訴し、竹千代が後継者となることが決まった。

将軍になれなかった忠長は甲府城主を経て、寛永元年（１６２４）に駿河、遠江も加増され55万石の領主となる。大納言の地位にも上り詰めたが、将軍家光の勘気に触れ、甲府に勅許させられる。その後領地も没収され、寛永10年（１６３３）に幕府の命令で高崎城（群馬県高崎市）の一室で自刃させられた。理由は、忠長が大坂城を欲したとか、発狂して家臣を手打ちにしたとか言われるが、はっきりとはしない。おそらく家光によるライバルへの計画的な抹殺だったのだろう。

１９９８年に建て替えられた高崎市役所庁舎21階の展望ロビーから眺めると、高崎城の全体像を掴むことができる。本丸、二の丸、三の丸が築かれ、本丸には4つの隅櫓と三重の天守があった。しかし明治6年（1873）の廃城令によって壊され、現在は城の跡地には国の入国管理局、裁判所、市役所、学校、郵便局、図書館など公共の建物が集まっている。廃城令の跡に取り壊され、東京鎮台高崎文営が建てられ、建物は跡形もなくなった。かつて農家に払い下げられた本丸の乾櫓と東門が、三の丸跡地に現在移築復元されている。

高崎城、乾櫓と東門

それ以外は当時の城郭の跡を偲ぶものはないが、城の西側を烏川という大きな河川が流れ、天然の要害となっている。その東に二の丸が、その北側に三の丸があった。

本丸や二の丸も水堀で囲まれていたが今は埋められて見ることはできない。ただ烏川に繋がるように城郭全体を取り囲む堀は今でも残っており、城の規模を知ることができる。

堀の内側には復元された石垣があるが、土塁は作られた当時のものである。さらに東門の南側には出枡形（外枡形とも言う）といい、堀が凸面のように張り出している。この堀の外に寺や町を土塁と堀でさらに取り囲む遠構《とおがまえ》という水路があった。

この城の基礎を作ったのは徳川四天王の一人、井伊直政である。彼はそれまで箕輪城（高崎市箕郷町）の城主であったが、全国支配を狙う家康は江戸を中心とした際に交通の便となり、大軍を移動させるにふさわしい大きな城下町があり、堅固な城を求めた。そこで慶長2年（1597）井伊直政に高崎城を作らせたのである。箕輪城をモデルに本丸を中心に二の丸、三の丸の郭を作った。家臣の武家屋敷や門なども箕輪城から移した。領国を経営するに便利な平城だった。

本丸は3500坪、三の丸は3万4800坪の広さがあり、城すべてを合わせた面積は5万坪を超えるものだった。

もっとも本丸は工事を急いだため、茅葺の建物で間に合わせるしかなかった。井伊直政は慶長5年（1600）にはこの地を去ったが、井伊にとって初めて手がけた近世城郭である。在城したのは2年半と短かったが、「高さには限りがない」とこの地を高崎と命名した。

三層の天守、櫓、瓦葺きの城門などが作られたのは、寛文7年（1667）に藩主となった安藤重博のときである。城内の本丸、二の丸付近を訪れても、コンクリートのビルに囲まれ、人が忙しく行き交い、往時を偲ぶことは難しかったが、城内の堀を辿ることで、城の威容を偲ぶことができる。市立図書館の敷地内に、本丸堀と二の丸堀をつなぐ水路が発見されている。

しかし高崎城はやはり大納言徳川忠長の終焉の地というイメージが強い。寛永9年（1632）に将軍家光は、忠長を狂気という理由で高崎城に幽閉した。忠長は馬一頭、家来もわずかな人数であった。このときの高崎城主は安藤重長だったが、丁重にもてなしたものの、老中から「狂気が改まらないので自殺に追い込むように」と指示される。忠長の屋敷の周りには竹などで垣が厳重に巡らされた。これを見て自分の運命を悟った忠長は自刃した。享年28歳であった。

彼が高崎城のどの場所に幽閉され、命を絶ったのかはよく分からない。ただ、彼がいた屋敷の部材を使って再建された部屋が、城の北端の外堀近くの寺、長松寺にある。部屋の床柱や回り縁は、高崎城下の忠長の部屋のものである。

忠長がなぜ死に追い込まれたのか。ひとつ言えるのは、彼が将軍家の直系という理由で、そこに人は集まり、政治的な動きを成す可能性があったということだ。忠長に野心はなくても、周囲の思惑によって彼は利用される立場にあった。幕藩体制を確立する際には、そのような存在は危険分子になる。そのような運命に定められたのが忠長だったと言えないだろうか。

忠長の墓は城下町内の大信寺にある。五輪塔で、そこには徳川の御紋が彫られていた。

幕臣最後の抵抗の拠点「五稜郭」――「獅子の時代」「花神」

▲アクセス　北海道函館市五稜郭町44　ＪＲ函館駅下車、五稜郭タワーシャトルバス（函館バス）五稜郭タワー前下車、徒歩約３分

北海道の城では、五稜郭を始めとする幕末の稜堡《りょうほ》式城郭（星形城郭）がよく知られる。稜堡というのは、城壁や要塞の、外に向かって突き出した角の部分を意味し、15世紀末から19世紀中ごろにヨーロッパで発達した行われた築城の方法である。

稜堡は、城内からの射程の死角をなくすために作られた。星形の稜堡は17世紀のフランスのヴォーバンが考案したという。

国内での稜堡式城郭の代表格が、函館市にある五稜郭跡（国指定史跡）である。

平坦地に土塁を積み上げ築かれた五稜星の形から、そう呼ばれたが、正式には亀田御役所土塁という。幕末に江戸幕府が蝦夷地の経営と異国からの警備のために作った城である。

18世紀半ばからロシアが日本近海に、後半期には千島や厚岸、根室、択捉島、国後島などに姿を見

五稜郭全景

せ、日本に通商を求めた。幕府は蝦夷地の防備に神経をとがらせるようになる。

安政元年（1854）年には日米和親条約が締結され、翌年に箱館（現在の函館）を開港することも決定した。箱館を異国の攻撃から守るために、安政4年（1857）に五稜郭が着工された。7年をかけて築城し、元治元年（1864）にほぼ完成し、箱館奉行所が移転した。その後も郭内の工事は継続され、全てが完成したのは慶應2年（1866）である。五稜郭がなぜこの地に作られたのだろうか。

函館市教育委員会文化財課の野村祐一は語る。

「当時ヨーロッパなどから押しつぶされそうになっている極東の島国の日本が、ヨーロッパと同じ城を作れると誇示したかったのが一番の理由ではないでしょうか。ペリーが来て箱館が開港しますが、これまでの松前藩だけでは北辺の防備や諸外国との対応は心配だというので、幕府が直接治めることになり、幕府も緊張していたのでしょうね」

安政2年（1855）に日米和親条約締結を受けて箱館開港が決定すると、幕府はその前年に箱館奉行を箱館山の山麓に設置し、蝦夷地の防備などを行うことになった。箱館を守るために、後に五稜郭を設計する武田斐三郎によって、弁天岬台場が箱館港の入り口にある海中を埋め立てて造った。また奉行所は海岸の傍なので、異国船の防備という点から心許ない。そのために内陸部に移ることになった。五稜郭は箱館奉行所の新しい移転先として築城されたのである。

奉行所の当初の上申書には〈且御役所　四方土塁を相設ケ　赤川之清流を引込〉と記されるように五角形ではなく、四方に土塁を築くとされている。築造中は「亀田御役所土塁」（当時の地名）と呼ばれていた。幕府にも蘭学などの洋学書が入っており、蕃書調所の中の軍事的な資料も参考にした。このとき五角形の形も検討されていた。

その後、箱館奉行所詰めの武田斐三郎が、フランスの軍艦が箱館に入港したときに、軍艦の副艦長から指導を受けて、稜堡の図面などを写した。このときは、星形の凹面すべてに半月堡という突出部が5つ描かれた設計図だった。

野村祐一は語る。

「武田斐三郎が描いた最初の図面には、五角形の間にもそれぞれ1つずつ、全部で5つの半月堡がありました。それがさらに詳細な図面ができたときに、半月堡は1つに減っているのですね。当初は箱館開港でピリピリしていた幕府も、いざ開港すると領事館も出来て、軍事的な危機感が弱まったことで、城郭の設計図も防御的な部分がどんどん薄まったのではないかと思います」

7年かけて作るうちに、箱館を取り巻く雰囲気も変わった。貿易港として栄え、領事館も置かれた。五稜郭は要塞ではあるが、軍事的な危機感も薄れ、今のような形になった。1か所だけ作られた半月堡は、五稜郭の正面にあたる。城郭本体から堀を挟んで、三角形が突き出す形で、ここから砲台を打つ仕組みになっていた。五稜郭の入り口を守る役割を果たす予定だったのだろう。石垣の作りも他の場所よりもしっかりと作られている。

異国への防御のために作られた五稜郭は、明治維新後に旧幕臣で海軍奉行の榎本武揚らに率いられた旧幕府艦隊による戦いの場になった。明治元年（1868）10月26日の旧幕府脱走軍は、五稜郭へ入城し、箱館を占領し、榎本を総裁に仮政権を樹立した。だが翌年の新政府軍の攻撃を受け、5月17日に開城し、五稜郭の戦いは半年で終わった。

その後明治4年（1871）に建物が解体され、同6年には陸軍省の所管となり、練兵場として使用された。公園化されたのは、大正3年（1914）である。同11年に国指定史跡になり、昭和27年（1952）に国の特別史跡になった。平成22年（2010）には五稜郭内に箱館奉行所が復元され、一般に公開されている。五稜郭は一般に箱館戦争のために作られたという誤解があるので奉行所を復元することで五稜郭が奉行所という役所の防御施設であることがより伝わっている。

野村祐一は語る。

「奉行所を復元したのは、よりビジュアルで分かりやすく五稜郭のことを知っていただきたいと思ったからです。西洋式の城に入ったら、純日本的な奉行所の建物があるしいう違和感の面白さですね。西洋文化を早くから積極的に取り入れた函館だから、和洋混在する魅力に興味を持っていただけたらと思います」

五稜郭をはじめ稜堡型の城郭は、ヨーロッパだけでなく、アフリカ、インド、東南アジア、アメリカにも見られるという。ヨーロッパが世界各地を植民地化する中で、それぞれの土地に城を作っていったからである。その中で、五稜郭だけはヨーロッパの植民地化とは無縁に、資料や図面を入手して、自分たちの力で稜堡型の城郭を作り上げた。そこが他国と違う点である。またシンメトリーな五角形の城郭は世界でも類を見ない。

五稜郭の見学ではタワー（展望塔）の存在が欠かせない。最初に、五稜郭築城100年を記念して、

１９６４年にタワーが作られた。しかし展望台の高さが45メートルと低く、城の全体像が見えなかった。そのため２００６年に約１００メートルの高さのタワーが作られ、全景が俯瞰できるようになった。

史跡整備事業も進み、五稜郭の存在はとくにヨーロッパの城郭との類似から、世界的に注目されてゆくことになるだろう。

戸切地陣屋（北斗市教育委員会提供）

なおこの近辺には稜堡式城郭はいくつもあり、五稜郭から北北東に４・８キロ離れたところにある四稜郭（１８６９年、陣川町）がある。これは箱館戦争の際に五稜郭を背後から守るために作られた。しかし完成後新政府軍によって陥落させられた。土塁で築き上げられた城で４つの稜堡がある。フランスの軍士官ブリュネの指導で作られたといわれる。

「峠下台場跡」（１８６８年・七飯町）は、標高約３５０メートルの場所に、同じくブリュネが指揮して旧幕府軍が築城した土塁で、稜堡（東西21メートル・南北12メートル）が７つある七稜郭である。

五稜郭よりも早く作られた「戸切地陣屋」

▲アクセス　北海道北斗市野崎　道南いさりび鉄道　上磯駅より４ｋｍ

北海道北斗市には、五稜郭より９年も先に作られた日本初の稜堡式城郭がある。史跡松前藩戸切地《へきりち》陣屋跡（１８５５年）である。厳密には陣屋であるが、構造は城郭に匹敵し、城と呼んでも差し支えなく、指定面積は10万4026平方メートル（約10ヘクタール）である。

戸切地陣屋は、安政2年（1855）に松前藩が蝦夷地防衛のために築城した。日本で初めての稜堡式の城郭（西洋式星形城郭）で、松前藩士で西洋流砲術師範の藤原主馬が縄張りを行った。安永年間（1772～1781）に松前藩主邦広の5男広長が書いた『松前志』には、この地は近国無双の拠地（ならぶもののない城に適した土地）で、西は壁崖があり、東には沢、北には険しい山があり、難攻不落の場所である。南は眺望がきき、実際に本拠移築または新規築城の候補地となったこともあった。

実際に築城された戸切地陣屋は、野崎の丘と呼ばれる台地上に作られ、北方と東方は深い沢と険しい山地に覆われ、西側は比高約30～40メートルのアナタヒラの崖壁で守られている。

東側は大手門から出る大通りが続くが、ここには22軒の武家屋敷が並び、これらを土塁が囲んでいた。

時代を先取りした稜保式城郭がなぜ作られたのだろうか。幕末、松前藩は海外からの北方防備が藩の存亡に直結していた事情があった。開明的な藩主の松前崇広《まつまえたかひろ》は、エトロノ島で北方防衛を担当する藤原主馬に目を留めた。彼の父の藤原正蔵も北方防備のエキスパートだった。

藤原主馬は天保期に、江戸で佐久間象山が開いた洋学塾「五月塾」へ留学し、19世紀当時目覚ましい進歩を遂げていた砲術・築城法などを全て包括した洋式軍学を学んでいた。幕府が函館周辺の防衛のため陣屋（実質は城郭）の築城を命じたとき、この主馬の知識が活かされることになる。その際に主馬が知識の背景としたものが近年の研究で明らかになっている。それは、佐久間象山の元で学んだ際のテキストであるフランスの要塞学の専門家サヴァールが書いた『要塞築城術原論』（「サヴァール教本」（ともいう）である。現存する遺構などとの比較の結果、主馬はこの教本に忠実に沿った形で城を作っている可能性が極めて高いとのことである（北斗市郷土資料館・時田の調査による）。

城は四稜堡で、南東にある稜堡は砲台が設けられ、6基の砲座を持ち、27基の大砲が配備され、平野部からの攻撃に備えた。郭の周囲は高さ3・5メートルの土塁に囲まれ、外周には4メートル前後の壕が巡らされていた。この土塁・壕が一対をなす構造は19世紀当時の対砲戦堡塁の構造であり、つまりは日本で初めて近代的な大砲戦に対応した城でもあった。

戸切地陣屋には120から160名の松前藩士が駐在していた。

重視されたのは箱館奉行所の警護と、箱館湾口にある矢不来台場との連携である。

ただしここも他の陣屋と同じく、新政府との動乱に巻き込まれる。明治元年（1868）に戊辰戦争に破れた徳川幕府の脱走軍が軍艦で蝦夷地にやってきた。そこで新政府は、当初の約定通り、松前藩に戸切地陣屋の守備兵を以て援護するよう命じる。このとき約150名の藩士が戸切地陣屋にいたが、ほぼ全てが五稜郭の警備に回され、防備すらおぼつかない状況となった。

幕府脱走軍は10月24日早朝の大野村での勝利の後、大鳥圭介の命で陣屋方面に鎮撫をかねた哨戒に出たが、もはや抗う人員すらいない松前藩兵は陣屋に火を放って、17の建物を焼き、松前へと逃げ去り、城郭は姿を消した。

北斗市学芸員の時田太一郎は語る。

「松前藩では、この城の機能を正確に理解していた者は設計者の藤原主馬以外にいなかったと思います。この城の防衛構造を活かすには洋式軍学の習熟が必須でしたが、大部分の松前藩士はそれを学びすらせず、一部は強い抵抗を続けました。結果、城の特性が全く生かされないままその役割を終えています。築造当時ではあまりにも彼らの常識の範疇外にある城で、かつその後の理解の努力もなされなかったが故の末路です」

なお、設計者の藤原主馬は箱館戦争直前に没している。その死因は定かではないが、箱館戦後に著された弾劾書には「藩内のクーデター派に微罪により自死へ追い込まれた者ら」に主馬の名がある。

戸切地陣屋は、1965年に史跡となり、1979年から国、北海道の援助のもとに整備を行い、2001年に「戸切地陣屋跡史跡公園」として完成し、桜の名所としても有名になっている。

時田はこの史跡の今後の在り方を述べてくれた。

「保存状態は良好ですが、城としての認知度は低いように思います。近年の研究で洋式軍学の理論を活かし、当時の海外最新軍学である砲戦を意識した防衛構造である点がわかりました。そのことは全国にアピールしたいですね。ただ観光化が進みすぎれば、話を面白くしたりと話題性も求められます。それよりも歴史として正しいことを伝え、史跡のあるがままを活かし、余計なものを作らないことが学芸員としての使命だと考えます。活用のために保存がなおざりにならないように、両輪の手綱を握っていたいですね」

現在陣屋内には建物跡の位置が示され、そこに説明板がある。実際、建物の図面も写真も残されていないので、建物を建てれば想定になってしまう。それは歴史の真実を伝えないことを意味する。

「史跡は当時の姿を伝えることが、文化財保存の基礎ですからね」

現地に立てば、伸び伸びとした自然の空間の中で、城の規模を実感することができ、広大な敷地を歩くと当時の姿を空想する喜びに浸ることが出来る。

異国警備のための陣屋「仙台藩白老元陣屋」「東蝦夷地南部藩陣屋跡モロラン陣屋跡」

▲アクセス　仙台藩白老元陣屋・北海道白老郡白老町陣屋町681-4　JR白老駅から徒歩で30分
東蝦夷地南部藩陣屋跡モロラン陣屋跡・北海道室蘭市陣屋町2丁目5番1~6号　JR東室蘭駅から車で15分

北海道には陣屋が多く見られるのも特色である。安政2年（1855）に蝦夷地を再直轄した幕府は、仙台・秋田・南部・津軽・松前の5藩（後に庄内、会津藩を追加）に警衛を命じた。各藩は各地に元陣屋と出張陣屋を計24カ所築いて沿岸防備にあたった。各藩の元陣屋は、ロシアの侵攻を警戒するため軍事的な要素が強く、城郭と呼べるものだ。

白老陣屋跡

仙台藩が警衛を命じられたのは、東蝦夷地の約3分の1を占める白老から国後・択捉島を含めた知床半島までという広大な範囲で、元陣屋を白老（陣屋町）に築き、根室・国後島のトマリ・択捉島のフウレベツにも出張陣屋を築いている。

支笏湖の南、太平洋に面した白老元陣屋は、安政3年（1856）に作られ、曲輪で囲まれた面積は約6ヘクタールあり、堀と土塁を使って円形に設計された内曲輪と南に延びる外曲輪で構成されている。北側に山地を背負い、東西を舌状丘陵に挟まれた天然の要害でもある。白老川とその支流のウトカンベツ川が陣屋の西・東を流れ、前方約1・5キロに海がある。

モロラン陣屋跡

内曲輪には本陣があり、勘定所・兵具庫などが置かれた。ここには常に１２０名程度の人員が配置され、おおむね1年交代で勤務した。東北出身の藩士であっても、この地の寒さは初めて経験するもので、野菜などの補給も足らず、病にかかり亡くなる者も少なくなかった。亡くなった者は20数名を数える。海側に歩いてゆけば、道から奥まったところに藩士の墓地がある。過酷な労働に体を病み、無念の思いで死んでいった藩士たちの思いが漂う。

さらに凄惨を極めたのは、国後・択捉島にある出張陣屋であった。ロシアに近いために大筒の数や規模は他の陣屋に比べて格段に充実していたが、白老よりも厳しい寒さに藩士は苦しんだ。冬を越すのが困難で、死傷者も続出。陣屋へ行く藩士は「死出の旅に臨む」と言われ、医者も随行した。その過酷さのため越冬者は数人にとどめ、残りの者たちはこの地から撤退することを許された。

そのような厳寒での任務だったが、明治元年（１８６８）の戊辰戦争が起こると、新政府軍の進出を知った藩士たちは仙台に急遽撤退して、この陣屋の役目は終わった。

「仙台藩白老元陣屋資料館」のパンフレットのあとがきにはこう記されている。

〈明治維新へと続く政情不安定の中で、北方の脅威に対抗するために蝦夷地へ渡った仙台藩士達の苦闘が、この元陣屋跡に刻まれていると言えます。今は土塁と堀が残っているほかは、当時藩士達が植えた赤松の大木が静かにたたずんでいるだけです。１９６６年に史跡に指定されて以来、この歴史的

意義を広く世に紹介するため、建物跡を平面復元するなど、白老町が史跡公園の構想に基づいて整備を進めています。〉

1984年にガイダンス施設として「仙台藩白老元陣屋資料館」が開館している。

白老町から登別市を挟んで西の室蘭市に「東蝦夷地南部藩陣屋跡モロラン陣屋跡」がある。内浦湾の東端にこの陣屋はある。南部藩は箱館から幌別（現、登別市）までの警衛に当たることになると、箱館に元陣屋を置き、噴火湾（内浦湾）の入口東西にモロラン陣屋と砂原陣屋（現、森町）を築き、湾奥の地にヲシャマンベ陣屋を配置した。

モロラン陣屋は高さ2～3メートルの方形土塁と堀を設けて内陣とし、さらにその外側にも土塁と堀をもう一列設けている。

モロラン陣屋も冬を越すのが辛い環境で、杉林の中にある内陣裏の火薬庫跡地には墓石群があり、この地で没した藩士が眠っている。陣屋には100人ほど配置された。

モロラン陣屋は1934年に史跡となり、1968年度から1973年度まで整備され、土塁や堀の修復、屋敷跡の平面復元、礎石や石敷の通路が確認されている。

このように幕末に外国からの侵略に備えるため、砦となって過酷な任務を遂行したのが、東北諸藩の藩士であった。彼らの命と引き換えに防備が行われたことを陣屋跡は物語っている。

第3章　城と現代を結ぶ物語

1　山城から近世城郭へ変遷を伝える「鳥取城」

▲アクセス　鳥取県鳥取市東町2　JR鳥取駅下車　徒歩29分

鳥取城の特色は、中世の山城から近世城郭、江戸時代末までの城郭の変遷を同じ城で見ることができる点だ。

鳥取城は天文12年（１５４３）までに但馬守護の山名祐豊が、久松山の山頂（標高約２６３メートル・後の「山上ノ丸」）に築いたのが始まりとされている。

その後、城主はたびたび変わったが、一時期毛利氏の城になった。配下の吉川経家が城主だったとき、羽柴秀吉が鳥取城を兵糧攻めにして開城させたことがある（第二次鳥取城攻め）。このとき秀吉が陣城として築いたのが「太閤ヶ平」である。鳥取城本丸から東に１・３キロ離れた本陣山（標高２５１メートル）に築かれた。この城で秀吉は約１００日にわたって指揮を執った。その後、城には秀吉の信頼が厚い宮部継潤《みやべけいじゅん》が入り、城を近世城郭に改修した。山上ノ丸に総石垣の本丸と出丸、部分的に石垣を使った二の丸、土の曲輪の三の丸が作られ、本丸の西北の天守台に三層の天守が建てられていた。

天守は犬山城天守の１階の平面規模と同じため、鳥取城も犬山城と同じ望楼型の三層であったと推定される。天守の下に穴蔵という地下室を持つ構造だった。

この城の虎口の南西部や、東坂の上城門と三の丸へ繋がる斜面に朝鮮半島の倭城に見られる登り石垣がある。宮部継潤の嫡男、長房は朝鮮出兵に参加したためそこでの築城経験がこの城に生かされたのだろう。ただし宮部継潤の代は九州や小田原出兵に従軍し、しかも朝鮮出兵など慌ただしかったため、城の改修も十分にできなかった。宮部継潤は関ヶ原の前年に死去し、息子の長煕が跡を継いだ。長煕は関ヶ原で西軍についたため、改易された。

城には池田輝政の弟の長吉が6万石で入国し、宮部の改修を引き継ぐ形で工事を行った。このとき久松山麓に山下ノ丸を整備した。ただこのときの山下ノ丸は今残る形とは異なる。池田長吉は慶長6年（1601）に天守の傷が深いという理由で、三層の望楼の部分は取り、二層になったと言われる。山下ノ丸にある天球丸という曲輪は長吉の姉の天球院が住んだためにそう呼ばれた。

鳥取城。天球丸にある巻石垣。丸い形の石垣は珍しい。

元和3年（1617）に姫路から池田光政が因幡国・伯耆国の32万石で鳥取へ移って来たときに、近世の城として大改修が始められた。現在の山下ノ丸の基本的な姿を作ったのは光政であり、城下町を取り囲む総構えの縄張りも行った。二の丸には藩主御殿、三階櫓が作られ、この地へ行く大手登城路も作られた。戦国から泰平の時代となり、山頂の本丸よりも、山麓の二の丸が重視され、ここに政治の拠点が置かれた。

二の丸の三階櫓の高さは、櫓台から17・8メートルあったと言われ、この高さは宇和島城や丸亀城の天守よりも大きく、天守相当と言えるものだった。天球丸にも三階櫓が作られた。

光政は姫路城を作った池田輝政の孫で、鳥取城の整備には姫路城築城に関わった職人たちが腕をふるった。そのため鳥取城は、「姫路城の弟城」と呼ばれる。

光政が始めた改修工事は、享保期まで続き、享保3年（1718）に三の丸が拡張され藩主御殿が作られて工事は終わった。二の丸から三の丸に藩政の拠点を移したのは、二の丸の背後にある急な崖に落石などによる危険があると考えられたためである。

この間に同じ池田家ではあるが、藩主の変更が行われている。寛永9年（1632）に池田光仲が藩主となり、鳥取藩主池田家が成立した。

この時期の鳥取城は、山上ノ丸の天守とともに、山下ノ丸の櫓も立ち並び、壮麗な景観だったと言われている。なお城の改修工事が行われる中の元禄5年（1692）に天守が落雷で焼失する事故もあったが天守は再建されず、二の丸の三階櫓が天守代わりになった。

享保5年（1720）に城下町の大火のために、城内の建物はほとんど失われてしまった。藩主館のある三の丸も火事の翌年から再建工事が始められ、同8年（1723）に完成した。二の丸の三階櫓も焼失したが、同17年（1732）に復興された。この翌年に天球丸の巻石垣が作られている。南側の石垣の崩落を防ぐために、球形の巻石垣が作られている。巻石垣は他の城でも見られるが、球面の巻石垣はここだけである。

結局火事からの復興に、総仕上げまで130年以上かかったことになる。

明治時代となり、城には明治5年（1872）に政庁が置かれたが、明治6年（1873）の廃城令で城は陸軍省の所管となり、明治12年（1879）までには建物や門は売却、あるいは解体された。三の丸跡には鳥取県尋常中学校（現県立鳥取西高校）が建てられている。城は明治23年（1890）に旧藩主の池田家に払い下げられた（ただし中学校用地の取得はならず）。池田家は鳥取城の保存に熱心で、城跡の一部が公園として整備された。

1943年に鳥取大地震が起こり、崩落16ケ所、半壊6ケ所という大被害にあう。池田家は市民を元気づけるため、古跡の保存を条件に城を鳥取市に寄贈する。

1957年に「史跡鳥取城跡附太閤ヶ平」として史跡に指定され、市は1959年から今日まで半世紀以上もわたって石垣の修理を行っている。1世紀以上にわたって建築を続けるスペインのサグラダ・ファミリアになぞらえ、「鳥取のサグラダ・ファミリア」とも呼ばれている。この城の保存修理事業は、国内の石垣修理の代表的な事例といわれている。

石垣の工事は慶長期から幕末の嘉永期まで行われたので、鳥取城に行くし野面積から打込接、切込接と石垣の技術の進化の過程を見ることができる。

釧路・もうひとつの鳥取城「鳥取百年館」

▲アクセス　北海道釧路市鳥取大通4丁目2-18　JR新富士駅下車　徒歩16分

北海道の東部、釧路空港から釧路駅に向かうバスに乗っていると、「鳥取」のついた名称がたびたびアナウンスされる。鳥取大通の1丁目、2丁目と停留所が続く。地図を広げると、新釧路川の西には鳥取大通りがあり、鳥取南2丁目、鳥取保育園、鳥取西小学校、鳥取西中学校、鳥取北6丁目、鳥取神社、鳥取橋と地名の多さに驚かされた。

鳥取大通りを通っていると、鳥取神社の隣に白を基調とした三重の天守が聳えている。下は石垣で作られ、この地に城があったと思わせられる。これが鳥取百年館といい、1984年に作られたものだ。

釧路の地に、鳥取県の士族が開拓移住したのは明治17年（1884）6月からである。この地に鳥取村を作って1984年で100年になる。その年を記念して、鳥取神社境内に天守の形の記念館を作ったのである。鳥取藩主池田長吉が城を改築したときに建てられた、天守代用の二ノ丸三階櫓を模してミニチュア化して再現したものである。

鳥取百年館

百年館は鉄筋コンクリート造りの3階建てで、高さは14・8メートル。内部は旧藩主の池田家から寄贈された掛軸、写真、古文書、それと重要文化財級の書画、骨董などの遺品34点、鳥取神社が移住関係資料として集めた資料を1500点も展示してある。鳥取県士族が移住時に持参した古文書、刀、槍、この地で使った農具、タンス、長持ちなどである。また鳥取市の渡辺美術館から寄贈された甲冑や脇差、槍などが展示されている。

鳥取神社創祀以来の史料などもあり、鳥取県を除けば池田家ゆかりの品を最も多く有している。百年館は、当初鳥取開拓資料館としてビルの形での建設が予定されたが、鳥取開基百年記念事業会にて開拓の苦労と旧士族の心を象徴するものを作りたいということで、城の形に決まった。その経緯について『鳥取神社百年史』にはこう記される。

〈かつて鳥取県が城跡に鳥取城を復元しようとしたが、城跡そのものが文化財に指定されていることから、文化庁より〝待った〟がかかり計画が空に浮いたままになっていた。これを知った同記念事業会は、そうであれば釧路で復元すると開基百年にふさわしいものになるだろうということになり、詳しい資料を鳥取県から取り寄せて検討を行った。〉

（p426～427）

この時代はどこでもそうだが、開拓移住者たちは自分たちの精神的な支柱として、共同体の中心的な機能を果たすための神社を作る。鳥取神社は明治24年（1891）4月に創祀された。北海道は一村一神社という制度になっており、内地のように神社の数が多くはない。そのため村の地区集会所、村の象徴という性格が強い。

この地は本土から人が移住したときに鳥取村と命名され、士族の移住民のみで村を作った。彼らが慣れない鍬を持って農業にいそしみ開拓した。北海道には多くの開拓民が内地からやって来たが、単一の藩から、士族だけで作った村はこの地だけである。士族の象徴、アイデンティティは城である。ふるさとの城ほど移住者の心を揺さぶる建物は他にはない。

鳥取神社宮司の木下正明はその経緯を語る。

「鳥取士族は移住した当時、大変ひもじい思いでこの地を切り開きました。団結心も強く助け合って苦難を乗り越えました。そんな士族の一番の象徴は城だと先代の宮司は言ったのです。地域振興のため、皆が集える場所には城がいいと思われたのです」

今も釧路市内の小学生は郷土学習で毎年百年館へ見学に来る。また空港からレンタカーで走っている観光客が目を留めて、立ち寄ることもある。鳥取東高校は毎年修学旅行で百年館を訪れ、移住の歴史を学ぶ。年間1万人ほどが来場するという。

鳥取百年館には展示物だけでなく、鳥取の郷土芸能が3つ伝わっている。因幡の傘踊りが、釧路鳥取傘踊りとして行われ、「釧路鳥取傘踊り保存会」が1963年に発足した。

鳥取村移住者の霊をなぐさめるために作られた村謡「北の開拓者」もある。戦前に歌詞が発表されたが、題も曲も無かったので、1968年に名前と曲と振付が作られて、保存会で今も歌われている。

1940年に鳥取市の聖神社から伝承された「釧路鳥取きりん獅子舞」もあり、これら3つは鳥取神社三大芸能と言われている。三大芸能は無形文化財として釧路市の文化賞を受賞しており、その資料も百年館に飾ってある。

士族・苦難の釧路移住

なぜ鳥取藩の士族は北海道の地を踏んだのか。それは新政府の時代になり、士族はこれまでの恩恵を失い、経済的に困窮したからである。廃藩置県で藩主との関係を失い、彼らは経済的な自立を求められた。明治維新後もわずかな俸禄をもらっていたが、明治9年（1976）に俸禄は金禄公債証書となり、反故同然となってしまった。

以後、旧鳥取藩士で自活できたのは全体の5分の1で、傘や提灯張り、機織り、日雇いで糊口を凌ぐのはよいほうで、その日の食糧にも事欠き、乞食同然の生活をする者も多かった。明治15年（1882）には旧鳥取藩士が夏に多く餓死したと報じられた。

この頃は全国的に士族授産が行われ、鳥取県は明治14年（1881）に北海道開拓のための士族移住計画を立てる。明治政府も「移住士族取扱規則」を作成し、札幌県、函館県、根室県に通達する。まず根室県の釧路へ、その後札幌県岩見沢への移住が行われた。

岩見沢は全国各県から移住者が集まったが、釧路は鳥取県の士族移住者のみで作られた村だったので、団結心が強かった。釧路へは、明治17年（1884）6月3日に鳥取県の士族41戸、207人が政府の用意する「宿弥丸《すくねまる》」に乗り、鳥取港を出発した。その中には赤子を抱く婦人の姿も見られ、旅立つ者も送る者も涙を流しながらの別れだった。

船は6月9日に釧路港に着く。この地は釧路郡ベットマイと呼ばれた原野で、気味が悪いほどの柳林があり、人も見えないほどに葦が茂っていた。

事前に思い描いた印象とあまりにも違ったため、釧路に着いてから移住者たちの不満が爆発し、総代に激しい批判を浴びせる者も少なくなかった。

それでも彼らは生活をしてゆかなければならない。入植した日にこの地を「鳥取村」と名付けることにした。彼らの住む場所は釧路川支流の阿寒川西南岸である。士族の慣れない農業を指導するために師範農2人が同行したが、北海道の土壌と気候は鳥取とまったく異なり、技術指導は役に立たなかったという。

6月末には根室県が個別に用意してくれた粗末な家が完成した。家屋は16坪で、バラック作りで天井板がなく、雨露を凌ぐだけのものだった。畳も6畳しか支給されず、筵やゴザを床に敷いた。移住者はどこの場所に住むかを抽選で決めた。住む場所によって彼らは1番組から4番組までの組を作った。

彼らはすぐに農具を渡され、農業を始めた。生まれて初めて手にする鍬や鋤、鋸は慣れないため使うのに難渋した。その手で雑木を切って、耕作地や道も作らなければならない。だが作った道も降雨があれば、沼地のようにぬかるみ、歩くこともできなくなった。

さらに冬の寒さが彼らを苦しめた。氷点下20度から30度の寒さが続く。家屋の外側は板一枚の壁だから、寒さを防ぐことはできない。朝目が覚めると掛け布団に霜が凍って蒲団が固まっていた。吹雪の日は粉雪が吹き込んで、屋内に入る人の体が真っ白になった。枯木を焚いても凌げる寒さではなかった。

じゃがいも、いなきび、菜豆、小豆、南瓜、トウキビなどを主食とした。

翌、明治18年（1885）5月に、第2次入植者64戸306人が移住してきた。これで鳥取村は105戸、人口513人の村になった。彼らは阿寒川沿いに住み、4番組から地続きで5番組から7番組が住み、阿寒川対岸の場所に8番組から10番組が住んだ。

このとき師範農として移住した柿田亨は医師だったので、釧路町に医院を開設し、無報酬で鳥取村の村医を引き受けて移住者の面倒を診ることもあった。

移住者の子孫の思い

第二次移住者、7番組に安田源治の名前がある。出身地は因幡国邑美郡東町274番屋敷、士族。

住居は阿寒川を遡った川沿いの平地で、移住者の中でもっとも上流域の一つである。昭和15年生（1940）まれの安田圭佑は源治から4代目である。

圭佑が生まれた時は、曾祖父の源治も祖父の由太郎も他界していた。そのため曾祖母のミトから移住したときの話を聞いた。ミトは90歳近くまで生きて1955年に亡くなった。

「曾祖母が娘ざかりのときに侍の制度が終わり、それまで威張っていた牛活が一変して、頭を抱えてしまったんです。それで移住し、釧路市の浪花町付近に船が着いたんです。沖の船からその地を見たら、草原と湿原ばかりで、ここで暮らすのかと泣いたそうです」

移住した年は夏からの天候不順に加え、10月に暴風雨で阿寒川が氾濫、11月1日から5日間雨が続き、再び氾濫に襲われるという災害続きであった。阿寒川の氾濫で、耕地は水浸しになり、収穫間近の作物は土砂に埋まり、栽培していた馬鈴薯、大根、ソバ、大麦、小麦の収穫はゼロになった。

以後も阿寒川は、明治19年（1886）から3年続いて氾濫した。鳥取県移住者には根室県から移住後、2年間は1日1人玄米5合、塩、味噌は45銭が貸与されたが、飢餓が続くため、1年の貸与延長が特別に認められた。明治20年（1887）には貸与がすべて打ち切られた。移住者は互いに米を持ち寄り助け合うしかない。彼らは耕作を成功させるため、根室県庁から治水費1500円を得て、阿寒川の堤防の修築や排水溝の掘削工事も行った。

圭佑が思い出すのはやはり冬の寒さだ。圭佑が子どもの頃は、寒くて竈杜が震えていたという。当時窓はなく和紙を張っていた。和紙は木の戸よりも便利で、暖気は逃がさず、寒気は抜かすという効果があった。

彼が生まれる前に祖父は不慮の事故のため亡くなった。家を修理するときに、木材を担いだまま倒れてしまい、そのまま意識は戻らなかった。一家の大黒柱が亡くなったため、家は人手に渡った。家は下り坂で、その最中、父の2人の姉妹が病気で亡くなった。生活も苦しく、医者に診てもらうことができなかったのである。22歳と17歳、ともに娘盛りだった。

「祖母は医者に診てもらうために、周囲に金を貸してくれと頼んだけど、貸してもらえなかったんです。祖母には返すあてもなかったですからね。結局娘2人を見殺しにするしかなかった。今のような保険制度もないし、医者には身軽に行ける所ではありませんでした」

圭佑の父の代までは墓地にも石の墓を建てる余裕はなく、すべて木の卒塔婆だった。そんなときに、圭佑が生まれた。物置のような小屋で育ったという。当時は結婚も鳥取村の身内で行っていた。曾祖母は晩年によく圭佑に語っていた。

「わしが死んでも思い出してくれる人も少ないから、お前が墓参りをできるときは頼むからな。お参りして覚えておいてくれ」

阿寒川のさらに上流に行くと北斗という町がある。そこに先祖の墓があるため、圭佑は時間ができたら墓に行き、約束通り来ましたと手を合わせる。

「1か月に1回でも2回でも行けるときは墓に行きます。自転車に乗って30分ですが、先祖の移住地にも行きます。先祖さんに「来ましたよ」と声をかけていくんです」

移住民の苦しいときの支えになったのは旧藩主のとの繋がりだった。明治27年（1894）に励みとなるようにと、藩主直系の池田仲博侯爵は池田家歴代18人の藩主の塑像を贈った。歴代藩主全員が皆の頑張りを見守っているという思いを伝えたかったのだ。移住民と池田家とは、士族の代表者が上京し、開拓状況などを東京在住の池田に報告する間柄だった。

明治43年（1910）9月に池田はついに釧路にやって来た。このとき村人は大喜びした。村は総出で池田夫妻を歓迎する。釧路駅から鳥取村に入る時、村人は老若男女、皆道の地面に跪き、藩主を拝した。老人たちの中には感極まりその場で涙を流す者もいた。池田侯爵は小学校で、村民の披露する撃剣、乗馬を見た。旅館での宴会の際は、村人たちは花火を打ち上げ続けて、歓迎の意を表した。

大正4年（1915）11月10日に移住者は鳥取村役場傍に「鳥取開村記念碑」を建立したが、その碑文は池田仲博が揮毫した。

移住者たちは農業の経験を積むと、この地にはは稲作よりも、馬鈴薯、大根、人参など地下に根を張る野菜が適しているとがわかった。村人も馬鈴薯を細かく刻んだもの1升に、米2合を混ぜて炊いて主食とした。馬鈴薯からでんぷんを作る方法も学び、村は軌道に乗ってきた。また漁の季節には村人は日雇いで働いた。大根は「鳥取大根」と呼ばれよく売れた。その中でも旧藩主との縁は強く結ばれていた。

大正8年（1919）8月に後の池田家15代当主となる池田徳真は弟と共に釧路を訪れた。徳真は15歳、弟の博久は13歳で二人の書生が供をした。

なぜ徳真たちは鳥取村を訪れたのか。それはかれらの兄の輝理が重い病で、ゆくゆくは徳真か博久が家を継ぐことになるので、父の仲博が見聞を広げさせるために縁故の深い釧路の鳥取村へ行くように命じた。旧鳥取藩士の苦労を身をもって知って欲しいという思いがあった。鳥取神社へ行った徳真が驚いたのは、神社の周囲の光景だった。森も木も殆どなく、見渡すかぎり荒涼とした砂丘だった。

神社では17、8人の旧鳥取藩士が迎えてくれた。徳真はその人たちの暗い表情を見て驚いた。釧路の地はガスが強く、作物もできないので、アイヌも住んでいない地域だと知った。彼らは徳真に語った。

「今年は生きております。しかし来年は生きていられるかどうかは分からない」

思い詰めた表情に、徳真は言葉を失った。

生活はずっと苦しかった

移住者による製紙工場誘致運動も成功して、大正9年（1920）9月に富士製紙釧路工場が操業を開始し、他地域からの転入も見られるようになり、町に活気が生まれた。鳥取村は鳥取町になった。ただ、安田圭佑は語る。

「生活が安定したと言えるのかねえ。いつもお腹空かせてピーピーしていた思いがあります。入植地に行けば土地はありますが、川沿いで不便で、土地も足りませんから、よその農業を2時間かけて手伝いに行きました。食べ物も芋飯に米を混ぜ、あとは漬物です」

1949年に鳥取町は釧路市と合併して、鳥取という名前は消えた。今は鳥取町の名称は移住者の子孫の思いの中に生きている。

1955年には鳥取市と釧路市は姉妹都市提携を宣言し、移住民たちの故郷との繋がりを確認した。これまでも釧路から鳥取県への里帰り旅行が行われ、移住者の墓は鳥取県にある。鳥取の墓は荒れ果てているだろうから、釧路に移して守ってあげたいという思いがあった。

鳥取開基百年記念の特別企画で、大きな里返り旅行が行われた。1984年10月に32名が「鳥取市親善訪問団」として里帰りし、鳥取市長と懇談し、鳥取池田家墓所に行き、歴代藩主と同族子弟75基の墓に参拝した。訪問団は鳥取きりん獅子舞の伝承のもととなった「聖神社」、鳥取城などを見学し、自分たちの祖先が出港した鳥取港へ向かった。この地には昭和37年に建てられた「釧路開拓移民団出港之地」と刻まれた石碑があり、祖先の旅立ちに思いを馳せた。

このとき安田圭佑も鳥取県へ里帰りした。鳥取港の出港の石碑を見て、彼は思った。

「私の先祖たちがここで別れを惜しみ出発しましたが、故郷に帰ることはできませんでした。それが私の代で来ることができ、ご先祖に代わって来たという感激がありました。ご先祖は世を去りましたが、彼らの気持ちを思うと感無量でした」

鳥取百年館が作られるとき、大変だったが彼は3年間寄付を行った。

「自分の代でこんな記念すべき時代にいたんだという思いでした。そういう喜びはありましたね。ご先祖も喜んでくれるだろうなと思いました」

50歳になる佐藤尚彦は、現在不動産業を営んでいるが、彼は移住者の4代目である。祖先は明治17年（1884）に移住した3番組の桂木清夫、出身地は因幡国邑美郡湯所町である。移住地は今では商店街になっている。

「鳥取百年館ができたのは小学生のときで、関心はありませんでした。先祖が鳥取士族だという意識もありませんでした。ただ年齢を重ねるにつれ、地域の方や宮司さんとお話しするうちに誰かがこの神社を守らなければならない使命感ができました」

本家に行くと、先祖の写真が飾ってある。彼らの顔は父親に似ていると思った。以後先祖の写真が夢に出るようになった。そこでは写真が話しかけてくる。夢の中で神社を氏子として守り続けて欲しいと言われていると思うようになった。明治時代からの先祖の歴史を知ることで、若い世代にも未来にも歴史や伝統を伝えなければいけない使命が生まれている。

かつて鳥取県では新年には仏壇にお汁粉を備える風習があった。お汁粉はお雑煮の代わりである。お雛様を川に流すこともあった。それらの風習は鳥取県では殆ど無くなっているが、釧路の安田圭佑の家では今もやっている。もう釧路でも鳥取弁は話されず、人々は標準語を使う。そんな時代でも日常の行事に鳥取県の伝統をいつまでも残していきたいと彼は思う。安田圭佑は語る。

「私の子供も孫も所帯を持って落ち着いて暮らしています。私も元気で暮らしていますから、ありがたい思いですね。先祖は大変な思いをしたから、皆の写真を飾って、毎朝写真に挨拶をしています。そのとき大変な時代を生きてこられたんだなと改めて思います」

1989年6月9日に開催された「釧路鳥取報恩会創立百年記念式典」の祝辞で来賓の池田徳真は、大正時代にこの地を訪れた思い出とともにこう話した。

「現在の釧路市は漁業も盛んで繁栄していますが、その地で育った若者にこう申したいのです。その今の釧路市の繁栄は、死の苦しみを戦い抜いたご先祖方がたの、生命がけの努力の土台の上に築かれた繁栄であるという事です」

釧路開拓移民団出港之地（鳥取市）

2020年12月、私は鳥取港にある「釧路開拓移民団出港之地」と刻まれた石碑の前に立っていた。肌寒い雨の日で、周囲には他に誰も人の姿を認めることはできなかった。灰色の海を見て、明治時代に北海道へ向かう人々の別れの光景を想像した。そこから釧路の鳥取まで今も一本の糸が繋がっていることを確かに感じた。

2 「尼崎城」と城郭画家・荻原一青

▲アクセス　尼崎市南城内10―2　阪神尼崎駅下車　南東約550m

大坂をけん制する城

尼崎城天守は、2018年にミドリ電化創業者の安保詮《あきら》の思いで再建された。安保は会社の創業地である尼崎に恩返しをしたいと私財を投じたのである（現在は尼崎市に寄贈）。

天守が本来あった場所は、南側の尼崎市立歴史博物館で、現在の博物館と明城小学校が本丸跡である。ここに4層の天守が作られていた。城主は徳川家康に近習として仕え、家康から信頼の厚かった戸田氏鉄《うじかね》である。大坂夏の陣（1615）の後に、摂津尼崎5万石の領主となった戸田は、大坂城を守るために尼崎城を築城した。豊臣家は滅びたが、西国には大藩の外様大名も多くいる。大坂城が西国雄藩ににらみをきかす上で重要な位置にあった。そのため近辺に幕府直轄の城を作ることが重視されていたのである。

尼崎城築城の背景には、そのような大坂城を巡る事情があった。城は元和4年（1618）から数年の歳月をかけ完成した（竣工時期は不明）。現在の阪神電鉄尼崎駅から大物駅にかけての南側に城は築かれ、中央に本丸があり、そこに本丸御殿があった。本丸の四隅に櫓が作られ、うち北東部の隅が天守である。

本丸の周囲を内堀が囲む。内堀の外側に西から北が二ノ丸、東が松の丸、南が南浜（主に家老クラスがここに住んだ）と呼ばれる郭があり、本丸を取り囲む形になっている。再び堀が囲み、西三ノ丸、東三ノ丸があり、これらを外堀で囲むという配置である。

堀は東を流れる大物川、西を流れる庄下川の水を引き入れて堀に使っている。南浜の南側は築地町があり、その南は海である。城の西側には西屋敷、東屋敷が広がり、その北に寺町があった。

尼崎城には元和5年（1619）に2代将軍秀忠が立ち寄り普請を賞したほか、同9年（1623）に3代将軍家光が立ち寄った可能性もあり、幕府も並々ならぬ賛辞をしていたことから、幕府がこの城を重要拠点だと考えていたことがわかる。

尼崎城

1987年から尼崎城跡の発掘・確認調査が68回にわたって行われたが、そのときに東三ノ丸の石垣が見つかった。人の背をゆうに超える高さの石垣である。市の教育委員会によると、切り込み接まではいかないが、野面積でもきれいな積み方をしているという。ただし石垣も全体像がわかっておらず、決定的なことは言えないという。

戸田氏鉄は寛永12年（1635）に美濃大垣へ10万石に加増されて移ると、以後青山幸成が入り青山氏が、宝永8年（1711）に松平忠喬が領主となり7代にわたり、城主を務めた。城主の松平氏は、松平家の庶流で、三河国碧海《へきかい》郡櫻井を領していたので、櫻井松平家とも言う。この城も明治維新によって運命が変わる。明治6年（1873）の廃城令で、尼崎城は、陸軍が軍事施設にするには十分な広さでないと判断されたため廃城とされた。城内の建物は民間に払い下げられ、堀も埋められた。本丸部分は学校施設になり、城跡の区域も市役所や図書館、警察署などになった。それでも僅かに痕跡はあったという。

尼崎市立歴史博物館の辻川敦は語る。

「大正の初期まで内堀は残っており、そこに石垣も見ることができました。ただ尼崎市は都市化が早く進んだので、公共用地が足りなくなったので堀を埋めて、石垣を撤去して、学校用地を広げ、市役所を建てることで、城跡の痕跡が無くなったのです」

現在、城跡の付近を歩いても城の縄張りや、堀の跡などを見つけ出すことは困難だ。わずかに「南城内」「北城内」という地名にその名残を見ることができる。当時の寺町は生きており、静寂な町並に11の寺があり往時を偲ぶことができる。

西三ノ丸跡にある櫻井神社は、城主であった櫻井松平氏が歴代祀られている。境内には築城当時外堀に掛かっていた橋の石杭と礎石、鬼瓦が置かれてある。瓦は商人が置いていったものだという。

そんな尼崎城に特別な思い入れを持った画家を、私は知ることになった。

城郭画家の原体験

荻原一青（本名信一）は尼崎出身の画家である。明治41年（1908）に生まれ、幼い頃から廃城になった尼崎城を見て育った。彼が通った尼崎第一尋常小学校（現明城小学校）は、本丸跡に建てられた学校である。この頃本丸南正面の石垣は残っていて、そこに橋（かつての太鼓橋）が架かっていた。荻原はこの橋を渡って登校した。

本丸の北と東西の石垣は壊されて、土が露わになっていたが、朝夕に東西南北に残る濠の水面に石垣が影を落としていた。荻原は当時を回顧している。

〈子供心に此の城跡が好きだった。貧しい姿の私は腕白少年達にいつもいじめられた。淋しい私は一人ぼっちで石垣に登って寝ころんで白い雲を眺めていた〉

（荻原信一「古城を描いて二十五年」『城郭』第1巻・第3号（昭和34年・日本城郭協会））

荻原は旧藩士の古老から、在りし日の尼崎城の話を聞くことが楽しみになっていた。

彼は小学校を卒業すると、絵で身を立てようと考えた。大阪天下茶屋にある蛭川《ひるがの》芳雲画伯が主宰する蛭川画塾に入る。修業は8年間続き厳しいものだったが、「一青」の号をもらうまでになった。

1929年に和歌山市内で染物工場の図案部で働くが、このとき下宿の窓から見た和歌山城の天守に心を打たれた。荻原の目には、後に国宝に指定される3重3階の天守や小天守、6つの櫓、櫓門、2つの倉庫が見えた。

力強い天守の姿に、自分の生きる姿勢を正される思いがあったのだろう。彼は雨の日も城に行き、天守の姿を瞼に残した。この当時城は軍部によって要塞区域に指定され、自由にスケッチができなかった。荻原は帰宅してすぐに城を思い出し、スケッチブックに描いた。

1931年に荻原は職場を辞めて9年ぶりに尼崎に戻ったが、城の石垣や堀はすべて消えてしまっていた。このときの哀しさ、ショックから尼崎城の旧観をせめて復元画に残しておきたいという思いが強まることとなる。彼は古本の露天商をしながら、尼崎城の資料を集めるようになった。また尼崎城同様、全国の廃城のありし日の姿も絵に描こうと願うようになった。明治初期の城の写真の本などを買い漁り、各地の城跡をくまなく歩く。これらをもとに全国の城を描き、その数は100枚以上になった。

〈或る人は城きちがい、又は金にもならないのにとかげ口を云った。資金がつゞかなくて八十ケ所程の城跡に廿三年もかゝつた。当時の城跡は、ほとんど要塞区域、又は兵営で或る時は怪しい奴だ一寸こいと叱られた。〉

（荻原信一「古城を描いて二十五年」『城郭』第1巻・第3号（昭和34年・日本城郭協会））

だがこれらの労苦も1945年6月の尼崎空襲で灰塵に帰してしまった。さらに妻も子も亡くなり、家も焼け、すべてを失った。それまで全国を回って集めた城の資料と描いた画も失った。このとき荻原は悲しすぎて涙も出なかったという。

絶望からの出発

戦争が終わり、孤独になった荻原だがまずは食べてゆくことが先決だった。彼は工場勤務をしていたが、きつい仕事の中で彼が思い浮かべたのは、初めて描いた和歌山城の雄姿だった。ある日お金をためて和歌山に行ったら、彼を虜にした和歌山城の天守も櫓も門も空襲で焼けていたのである。天守跡には崩れた瓦がたくさん置かれていた。

そんな荻原に城への情熱を再び燃え上がらせたのは、神戸の闇市で売られていた姫路城の絵葉書だった。30代後半になっていた荻原は、再婚もし、子どもも生まれていたので、昼は働きながら、夜は絵筆を握る生活を続けた。

しかしまた荻原を不運が襲う。1950年9月3日から4日にかけてジェーン台風が神戸を襲い、再び描いた城の画を失ってしまったのである。だが荻原は立ち上がり、筆を握る。彼は感銘を受けた和歌山城から描き始めた。

　この頃荻原はニコヨンと呼ばれる肉体労働に携わっていた。ニコヨンとは日雇の日給が東京都では240円だったので、100円玉2個、10円玉4個という金額からそう呼ばれたのである。このときの心境を荻原は記す。

〈呪われた戦火は全国大半の国宝城を炎上させた。其れをしのんで私は亡き名城を絵に残す事を決心した。……仕事の合間に闇市の小道具屋から城に関する本を根気よくあさった。夜はゆらぐローソクの灯のもとで集めた本をたよりに思い出し乍ら城の絵を描き始めた。生活苦に私の此の仕事はたどたどしいものだ。昼は力仕事、夜は子供達が寝静まつてから夜の更ける頃まで、朝が早いので頭がぼやけて苦しい時もある、其れが現在九十枚近い全国の古城が私の絵に復元した。〉

（荻原信一「古城を描いて二十五年」『城郭』第1巻・第3号（1959年・日本城郭協会））

　そんな荻原の生活を支えたのは妻だった。結婚してから、妻は正社員として働き一貫して夫の人生を支え続けた。

　荻原が「ニコヨン画家」と呼ばれたのもこの頃の経験がもとになっている。その絵は城の鳥瞰図で、大変すばらしいものだったが評価する者は特定の人に限られた。とくに学問的な方面からは、城郭復元のための精緻さにおいて物足りないいう理由で評価は芳しくなかった。

　それでも怯まずに荻原は各地の古城を訪ね歩いた。

〈私は草深い地方の苔むす古城跡を好んで、訪れた。長々続く石塁、崩れ果てた石垣、埋まる濠跡、それを、たどつては城郭の縄張を探つた。その資料により復元された絵ができた時は楽しいものだ。

一枚の絵に三年、或いは十年と年月をかけたのもある。〉（同）
そのこだわりは、建築の細部、石垣の組み方にも及び、時代様式を探り、納得できるまでは画にしなかったことに現れる。当時は有名な城しか一般の人は知らないので、小さな廃城など地元の人も関心がない。学校や公園名で城跡の名前を見つけ出すしかなかった。
荻原が名声をあげてゆくのは、１９５８年９月に「第２回どろんこ美術展」（西宮市立労働会館）に城郭画16点を出品、11月に「日雇労働者生活作品展」（神戸王子動物園）に城郭画１点を出展し、双方で努力賞を受賞してからである。

鳥瞰図を描く

１９６０年の東京池袋丸物百貨店（現パルコ）で「日本名城展」が開かれ、荻原は城郭画約80点を出品する。出品された画は、城の天守など主要部分で、古写真などを模写したものであった。しかしこのとき出会った城郭研究者の鳥羽正雄（当時東洋大学教授）によって彼の作風は大きく変わった。

鳥羽は荻原が城の復元資料を求めて旅していることを知り、国立公文書館所蔵の「正保城絵図」の存在を教えた。ここに描かれた城と城下町を含めた鳥瞰図の作成を荻原に薦めたのである。ここから彼は「正保城絵図」を辿って城下町も含めた全国の城の復元画を描くという使命を見出す。このとき荻原は50歳を超えていた。

最初に鳥瞰図を手掛けたのは、尼崎城だった。荻原は櫻井神社や市立図書館所蔵の城絵図も参考にして復元作業に取り組んだ。尼崎城は城全体を北側から俯瞰した画である。北上から城の縄張りと城下町までを含んだもので、本丸を取り巻く三重の堀、本丸の四隅にある櫓（天守を含む）が精巧に描かれ、水色の堀がある。松らしき木が所々植えてあり、城を取り巻く城下町の家屋の数々、その奥には瀬戸内海が広がり、遠くに大阪の山々が見える。尼崎城の置かれた地理が一望でき、当時の雰囲気に浸ることができる（これ以前に荻原は尼崎城の天守も描いている）。

その後荻原は、岸和田城、岡山城、備中松山城、広島城の鳥瞰図を描いてゆく。

荻原の描いた鳥瞰図は、現地調査に基づいた美しい精密な図である。天守、櫓、御殿、松の木、城下も含めて細かく描かれているのが特徴だ。それでも研究者から見れば過ちは多かったため評価されなかったが、彼は間違いを指摘されてもあえて直そうとはしなかった。時代小説家の江崎俊平は述べる。

〈彼は城郭および城下町の復元図を描いているのではなく、古絵図を見て彼の脳裏に浮かんだ夢の城を描いていたのであるから。〉（「夢城の人——荻原一青の生涯」『歴史と人物』1978年3月号・中央公論）

1961年11月に尼崎市立図書館の秋の読書週間で「日本名城画展」が開催され、約180点の城の絵が展示された。新聞社も「ニコヨン画家の城郭絵図展」として各社が大きく報じた。この年の2月には『城郭絵圖集』（日本城郭協会）も刊行され、神戸大丸、姫路山陽百貨店、尼崎、大阪、名古屋、伊丹など20回近くの個展が開かれた。

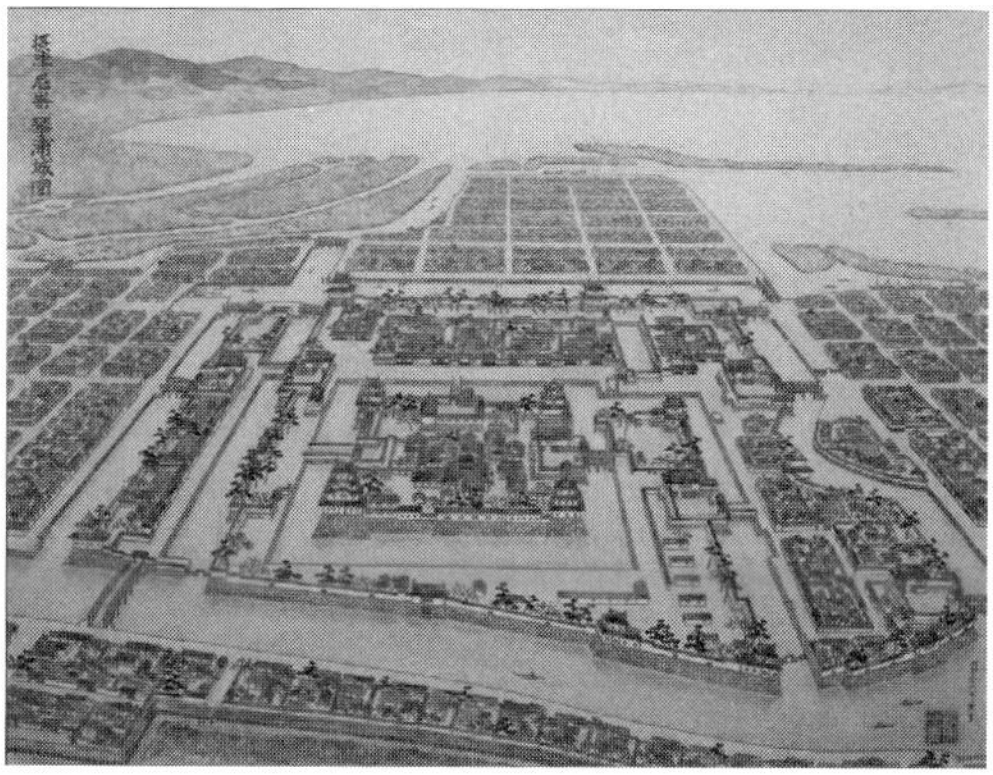

荻原一青画「摂津尼崎　琴浦城図」（熱海城・日本城郭資料館保管）

1965年には、彦根城を皮切りに、洲本城、名古屋城、二条城、姫路城、松本城、和歌山城、尼崎城など「名城手拭百城」の制作も始まった。この手ぬぐいは大阪府堺市在住の染物職人池田公治が、荻原の原画をもとに手ぬぐいを共同で作った。

池田は荻原が顧問を務めた「古城の会」の会員だった。手ぬぐいは、注染和晒《ちゅうせんわざらし》という染色技法で制作されている。空や堀を藍色や朱色に染めて、天守や櫓は遠近法を使って描いている。8年かけて百城が完成した。

1968年11月に荻原は尼崎市民芸術奨励賞を受賞した。荻原は尼崎城の真実を調べ上げ、1973年に尼崎市立図書館にある「本丸御殿図」を調査し、尼崎城に小天守があったことを突き止めた。翌年は城内小学校にある尼崎城模型の改修指導も行っている。

そして私は、ある城郭研究家が少年時代に荻原から親しく指導を受けていたことを知った。晩年の荻原と交流があったのは、滋賀県立大学名誉教授の中井均である。

子どもの頃から城に関心のあった中井は、中学時代に「日本古城友の会」に入会する。城好きの人で構成された研究会で、毎週日曜日に大坂城で刻印調査をやり、月に一回は城跡訪問もあった。そこでは顧問の荻原が毎回参加していた。周囲はおじいちゃんと呼ばれる年代の人が多く、荻原はいつもベレー帽姿だった。画板に自分の画を挟んで、行った城を説明してくれた。

荻原は天守のない城に行くと、今は石垣だけど、ここにはこんな建物があったと、天守が復元された画や鳥瞰図を見せて説明してくれた。中井はそのときの感慨を語る。

「今の視点で言えば、100%正確ではないですが、昭和40年代にあれだけの城の姿を描かれ、ほぼ間違いのない画を出されたことに、僕は驚愕しました。幕末、明治には城の写真はありましたが、モノクロームですね。しかし荻原先生のように日本画のカラーで全復元された画は圧倒的な迫力があり美しかったです。それも芸術品ですからね」

二人は直接やりとりするようにもなった。毎回城跡訪問に参加する中井に、荻原は声をかけてくれた。彼は吃音だった。

「君らは平和な時代でええなあ。わしは戦時中に大坂城でスケッチするだけで憲兵に殴られたもんや。君らはこうやって刻印調査でロープで降りている。昔は考えられなかったよ」

60代の荻原にとって中学1年生の中井は孫のような存在に見えたのだろう。また年配の人ばかりの中で、熱心に勉強するイガクリ頭の中井の姿が彼の目に留まったのかもしれない。中井は回顧する。

「あの当時城で飯を食える人は誰もいなかったので、皆さん本当に好きでやっておられた。城が好きという気持ちが話のはしばしにピュアな気持ちで出てくるのが伝わってきました。すべてを投げ打って城と向き合っておられたのが荻原先生だったと思います。当時のぼくもそうありたいと思っていたんです」

中井は城の調査や勉強会で日曜祭日もなく出かける日々が続く。彼にとって「日本古城友の会」はとても楽しいものだった。彼らの純粋に城を学ぶ姿勢に行くたびに心打たれた。

荻原は中井にこんなことも言った。

「結婚するなら、相手には城の勉強やっていることは前もって言わんとあかんで。結婚後に知れたら家庭不和になるで」

その教えを中井は守った。

荻原が亡くなったのは1975年7月で、享年66歳だった。現在、彼の絵画の多くは、熱海城文化資料館内の「日本城郭資料館」で展示されている。

２０１６年に、「名城手拭百城」の手ぬぐいと原画が、染物職人の池田公治の自宅に保存されたことがわかった。池田の好意で翌年６月に手ぬぐい、原画、型紙一式３１１点（手ぬぐい１０５点、原画99点、型紙１０７点）が市に寄託された（後に市に寄贈）。

２０１８年７月から８月に尼崎市総合文化センター美術ホールで「尼崎城築城４００年記念　荻原一青が描く百名城手ぬぐいのすべて展」（公益財団法人尼崎市文化振興財団）が開催され、２０１９年３月以降は、オープンした尼崎城の４階ギャラリー・スペースでは20枚前後の手ぬぐい、原画を毎月入れ替えながら展示された。

荻原の作品は、尼崎市立歴史博物館で保存され、今後も活用されていくしいう。

今、荻原の業績を調べている辻川敦は言う。

「荻原さんは失われた城が好きなんだと思います。それが天守の名城シリーズという作品に収斂していったと思います。尼崎城は安保さんの力で再建されましたが、荻原さんのすごい頑張りが今の尼崎城に繋がっているようにも思います」

安保氏が他の地域でなく、尼崎市に城を再建したのは、荻原の存在も影響していたのかもしれない。近年、荻原の生き方と作品が注目されるのも、尼崎城の再建と無縁ではあるまい。再建尼崎城も、荻原という人を得て、より深みをもった存在になった。

再建尼崎城についてはどうか。元尼崎市教育委員会歴史博物館学芸員（現・龍谷大学・大手前大学非常勤講師）の室谷公一は語る。

「2018年に建てられた尼崎城天守は、まったく以前の尼崎城と違うと考えています。現代の尼崎城です。天守を建てる話が出た時に、思う所はありましたが、実際に建ってみると、尼崎市民の方々がとても関心を持ってくれました。当時の城跡は残っていませんから、城があったことを知る人は少なかったんです。新しい尼崎城のおかげで、城があったことを市民が知りました。では江戸時代にあったお城はどんな形だったのだろうと、尼崎市立歴史博物館に来られる人が増えました。現代のお城のパワーはすごいなと思います」

「私の人生は、城に生き、城に終わる」というのが荻原の信念だった。彼の画集『日本名城画集成』（小学館）も2016年に復刊された。今もなお、荻原の作品は生き続け、尼崎城を始めとする城の魅力を語って尽きない。

現在の尼崎城と荻原一青の人生、ともに影響を与えあって今があるのも事実である。

コラム　北海道のチャシ

▲アクセス　ヲンネモトチャシ跡・根室市温根元　根室市街地から道道35号根室半島線（オホーツク海側）を約40分。
ユクエピラチャシ跡・足寄郡陸別町字トマム2-2　道東自動車道・足寄ICから40分。

北海道はかつて蝦夷地と呼ばれたが、そこに住む先住民アイヌが残した独特の遺跡が「チャシ」で、チャシ跡を意味する「チャシコツ（茶志骨）」などの地名に残されている。

チャシは一般的には「砦」と訳されることが多いが、アイヌの言語学者・知里真志保は、砦、館、柵囲いなどと定義する一方、「古謡の中では英雄の常住する館」とし、アイヌの英雄叙事詩ユカㇻで少年英雄ポイヤウンペが活躍する舞台の石狩市黄金山（名勝「ピㇼカノカ」指定地）などの存在も含めている。

また、金田一京助はchi-ashi（我々―立つ・立てる）が語源であり、その意味は「特徴的な山や崖」等のピーク部分を指し、地域の人々が振り仰いで祈る対象をさす言葉であったとし、祭祀の場とする考えを示している。

北海道に500を超えるチャシが残されているが、実際に発掘調査された例は少ない。

文化財サポート代表の田才雅彦（元北海道教育庁文化財保護主事）は厚真町のヲチャラセナイチャシ跡に注目している。このチャシは2007年から2010年までに全面発掘されたが、そこから戦いに使うものは発見されず、壕の内部には綺麗に清掃されたと思われる建物跡が1棟残るだけであった。

田才は語る。

「チャシが「砦」と考えられてきたのは、1668年に始まったシャクシャインの戦いや、1789年のクナシリ・メナシの戦いに際して5基のチャシが築かれたという記録があるためですが、13世紀に構築されたと考えられるヲチャラセナイチャシ跡のような古い時期のものは、信仰との結びつきが大きいと思う」と指摘する。少なくともチャシ＝砦という概念に捉われず、広く意味を考えていくことが望まれる。

ヲンネモトチャシ跡

根室市内には32ケ所（消滅も含めれば54）のチャシ跡があり、うち24ケ所が1983・1984年に史跡「根室半島チャシ跡群」となっている。築かれた年代は、16世紀から18世紀頃と推定される。このうちの一つ「ヲンネモトチャシ跡」は、温根元漁港を見下ろす突き出た崖の上にあり、天気がよければ根室海峡の向こうにはっきりと国後島を見ることができる。そこからロシアとの交易に従事したアイヌの人々の姿を連想することができる。
このチャシは四角い郭が2つ並び、2つは壕によって分けられている。
蝦夷地におけるアイヌと和人の大きな戦いは3度起きている。

ユクエピラチャシ跡　手前の堀の後ろに二つの円形のチャシがある

1457（康正3・長禄元）年に道南で起きたコシャマインの戦いでは、アイヌが和人の館を攻撃し、その大半を落城させた。

1668年に日高東部を拠点としていたシャクシャインが、モンベツ（現、日高町）以西を支配していたオニビシを殺害した事件は、松前藩を巻き込んだ大規模な闘争へ発展し、シャクシャインは新冠町にあるピポクチャシ跡で松前藩に謀殺された。

クナシリ・メナシの戦いは、この地を支配した飛騨屋久兵衛が暴力で恫喝し、アイヌの人々を漁場で働かせたのが要因で、さらにクナシリの惣オトナ（首長）サンキチの死が和人による毒殺ではないかとの疑いが直接のきっかけとなってクナシリアイヌが蜂起し、標津・羅臼にも広がった。

蜂起は松前藩の鎮圧隊が根室に到着したことで収まるが、この戦いで和人71人が殺害され、アイヌ側は若手の指導者を中心に37人が処刑された。

彼らが処刑されたノツカマフには2つのチャシ跡があり、現在もこの地で戦いの犠牲者たちを弔う供養祭（カムイノミ・イチャルパ）が行われている。

史跡ユクエピラチャシ跡は、1600年代にこの地の首長で雷の子孫と伝えられるカネランが築いたという伝説がある。十勝川支流の利別川上流右岸にある。標高は250メートル（比高約50メートル）ほどのところにあり、人の背をはるかに超える2～3メートルの空濠に囲まれた半円形の丘が3つ（西からA郭、B郭、C郭）と重なるように作られている多郭構造のチャシで、3つ合わせた長軸は約120メートルある。

この郭からは利別川と町を見渡すことができ、大正時代までの主郭は完全な円形だったらしいが、利別川の流れで崖面が壊されて、半円になったという。

「ユク・エ・ピラ」という語源はアイヌの言葉で「シカ・食べる・崖」という意味で、ここからは10万点以上の遺物が出土したが、その8割がエゾシカの骨で、この地でよく食べられていたとされる。また銭貨、陶磁器、ガラス玉、鉄器、銅製品、シカの骨で作った狩猟具も発見されている。

陸別町教育委員会では、シカの骨は神から授けられた大切な食糧を頂いた後に天に返す「送り儀礼」によって残された可能性が高いと言う。

チャシを理解するためには、アイヌ文化とは何かを定義することが不可欠になってくる。アイヌとは、「人間」を意味する。ただこれは生物学上の人類を意味するものではなく、カムイという神に対応する意味での人間なのである。

アイヌの伝統的な信仰では、あらゆるものに神が宿ると信じられている。植物や動物など人間に自然の恵みを与えてくれるもの、火や水、生活用具など人間が生きていくのに欠かせないもの、天候のように人間の力の及ばないものをカムイとして敬う。世界は人間とカムイが、互いに関わって成り立っていると考えられた。その延長線上にチャシがある。

彼らは広く交易をし、ユーラシア大陸と日本の内地との間で活躍し、中間貿易で理財を得た。武術は得意ではなく、石つぶて(石を投げること)が武器で、刀は威信を示すものと扱われ、優れた刀を武器として持っていなかった。アイヌたちは和人に騙されて、戦闘が起こることになるが、和人に和解を勧められ、騙し討ちにあうケースが多い。

田才は、「自ら交易を行っていた中世アイヌは、とても豊かな生活を送っていましたが、次第に交易権を和人に奪われ、やがて漁場労働者などとして働かされるようになり、生活文化が破壊されていきます。古い時代のチャシ跡やコタン（集落）の調査をきちんと行い、地域性をも検討することで、アイヌの歴史を組み立て直すことが必要です」と語る。

第2部

城の保存の物語

第4章　活用重視の「文化財保護法改定」で、城をどう活かすか

文化財が観光化する流れの中で、観光業者はにわかに活気づいた。雑誌「週刊トラベルジャーナル」（2019年7月8日号）は「文化財活用に新たな商機　法改正で町づくりから施設運営まで」という特集を行った。

城の場合はどうだろうか。世界遺産の姫路城は、天守の修復を行った2015年には、過去最高の来場者数を記録したが、その後話題もかすみ徐々に減少した。

そのような状況で、2018年3月から近畿日本ツーリスト関西が姫路城の管理・運営の一部を手がけるようになった。旅行会社が城の管理運営に関わるのは初めてのケースで、姫路城の専用ホームページ制作、運営、城の魅力の魅力を紹介するVRコンテンツの制作、インバウンド向けの多言語対応ガイドの募集・養成、ガイドツアーの実施、多言語対応のコンシェルジュの配置などを行う。

ただ雑誌はオーバーユースへの警鐘も鳴らしており、奈良大学文化財学科教授の坂井秀弥はこう述べる。

〈活用は住民・市民にとっての歴史文化の学びや文化活動、想い、町づくりなど多様だが、観光は他地域の人にも学びや憩いをもたらす。その半面、経済的利益を生み出すだけに、それに偏る恐れがあり、文化財の本質的価値を見失い損なうこともあるだろう。また、文化財を支える住民との合意形成を欠いては対立の種にもなる。〉

（坂井秀弥「外部任せにせず汗かいて主導を」「週刊トラベルジャーナル」２０１９・７・８、p16）

観光ビジネスの一環として文化財が利用ありきとされるのではなく、文化財そのものの面白さ、奥深さ、学ぶことの楽しさを味わうことが観光に繋がれば理想的だ。

その中で城を歴史遺産として活用するための、独自の取り組みを行っている事例を紹介する。

１　発掘の「見える化」にこだわった「駿府城跡」

▲アクセス　静岡県静岡市葵区駿府城公園１－１　ＪＲ静岡駅から徒歩約15分

全国最大級の天守台

２０１８年秋、テレビニュースで「慶長期（江戸時代初期）」と「天正期（戦国時代末期）」の２つの巨大な天守台が見つかったと放送され、大きな話題となったのが、静岡市葵区の駿府城跡である。駿府城は徳川家康が大御所と呼ばれて、晩年を過ごした城だ。駿府城跡周辺は14世紀以降に駿河守護の今川氏が拠点を構えたと考えられ、その後武田氏の支配下に入るが、武田氏滅亡の後、天正13年（１５８５）以降にこの地を領土とした徳川家康が近世城郭として築城した。その後家康は関東に移封され、豊臣系の中村一氏が城主となった。

家康が天下を取ると、慶長12年（１６０７）から各地の大名を使って城作りを行う「天下普請」で大きく改修された。途中火災などに遭ったものの、慶長15年（１６１０）に天守が完成する。この地で「大御所政治」が行われたのである。

家康の死後、寛永12年（１６３５）に再び城は火災に遭い、天守は焼失するが、再建されなかった。

明治29年（1896）に城は陸軍歩兵連隊設置に伴い、天守台も取り壊され、本丸の堀も埋め立てられた。戦後は駿府公園として市民の憩いの場になっていたが、にわかに話題となったのは、2016年からの発掘調査である。

駿府城公園の今後の整備方針を決定するため、静岡市は天守台があった場所について、事前に地下遺構の状況の確認調査を行い、地下に眠った石垣が姿を現した。

調査1年目には南北（西辺）の石垣の長さが約69メートル、2年目には東西（北辺）の石垣の長さが約63メートルと判明し、江戸城の天守台の長辺約45メートル、短辺約41メートルをはるかに凌ぐ、日本一の広さを持つ天守台だと判明した。堀も姿を現し、残っている絵図を基にすると、水面から測った石垣の高さは約19メートルであったと推測される（発掘調査で見つかった、破壊されていない石垣の高さは最大で約6メートル）。

3年目にはさらなる発見が待っていた。さらに掘り進めていくと慶長期の天守台の内側から積み方の異なる石垣が出てきたのである。南北約37メートル、東西約33メートルの天守台がまた見つかったのである。これが天正期の石垣と判明した。これは天正期では最大級の天守台で、しかも天守に連結する小天守という建物も備えていた。これは発掘で確認された最古の小天守になる。

調査に携わった静岡市歴史文化課の松下高之は当時の思いを語る。

「慶長期の天守台もすごく大きいと実感できたのですが、ほぼ同じ場所に天正期の大きな天守台が存在しているとはわかりませんでした。慶長期の天守台の内部からそれとは違った石垣が見つかり、さらに掘り進めると、天正期の天守台であることが明らかになりました。2つの天守台がほぼ同じ場所に重なり合った状態で埋められていました」

天正期天守台・野面積（静岡市提供）

天正期・慶長期、2つの時期の重なった天守台（静岡市提供）

石垣の違いというのは、慶長期は、打ち込み接と言って、石を割って加工して積み上げて、隙間に小さな割り石を入れている。天正期は野面積みと言って、自然石を重ね、隙間に小石を入れて作ったものだ。両者を比較すると、時代とともに石垣の技術の進化が見て取れる。そのことも大きな成果だが、出色なのは一般市民への発掘の公開方法だった。

それは「発掘の見える化」である。通常、埋蔵文化財の発掘調査は現場説明会などを除いて公開されることはないが、ここでは歴史学習の場などとして毎日公開し、市民に調査への関心と親しみを持ってもらうことに力を入れた。発掘の結果だけではなく、調査のプロセスも市民の人々に見てもらうという点に力点を置いた。そこから城跡で現在、今何をしているかをリアルタイムで知ることができ、発掘調査への興味も生まれてくる。

松下高之は語る。

「発掘調査の過程を公開することで、現場を訪れた市民や観光客の皆さんに、地面の下から様々な遺構や遺物が掘り出されていく様子を見て実感していただくことができました」

発掘調査員の恰好も「見える化」の視点から工夫されている。家康の歯朶《しだ》具足風イラストをプリントしてヘルメットにつけた。家康は兜の前に立てる前立てに「歯朶具足」を付けていた。植物のシダの葉の形をしていたので、このように呼ばれ、関ヶ原の合戦や大坂の陣でもこの具足を付けたので、縁起のいいものとされている。また葵紋入りのビブスも着用して調査を行った。それも人々の目を調査へ惹きつける方法である。

調査開始後、市外からも含め、これまでに85万人を超える人が見学に訪れている。常に発掘速報を展示して見学者が今、何をやっているのかわかるようにすることにも配慮した。

これまでに子供も大人も一緒に発掘に参加できる「体験発掘」、室内で瓦の刻印の拓本を取るプログラム、石垣の石を実際に引くプログラムなども実施し、歴史に肌で触れる機会を設けた。とくに地面の中から遺物が出てくる体験学習は、タイムスリップしてきた昔の遺物に触れる経験にもなる。

また天守台の高さを知ってもらうために、市民を高所作業車に乗せて、推定される天守台の高さまで上げて、周囲の光景を見てもらうプログラムも行った。

発掘調査は終了したが、現在も発掘現場は埋め戻されておらず、発掘された状態のまま見学できるのは極めて珍しい。二つの天守台跡と、「慶長期」と「天正期」の石垣の違いなどを、実際に現場で確認できるのが駿府城の大きな強みだ。

遺跡は保存するのが大前提なので、調査後は埋め戻されるのがふつうだ。しかし遺跡の調査の様子を目で実感できることは珍しい試みである。石垣などの保存を十分に対策したうえで、公開することは大きな意味がある。市民や市外からの来訪者も、驚きと共にこの場所にこれほどの素晴らしい城があったのかという思いを抱き、駿府城への関心を持つようになっている。

松下は今後の文化財活用についてはこう述べている。

「静岡市総合計画では、地域の歴史や文化といった資源を大事にし、磨いていくことでまちづくりに活かしたいという方向性を持っています。それが歴史文化のまちづくりですが、市には歴史の資源がたくさんありますから、それらに光を当てることで、市民や市外の人たちにも静岡市やその歴史への関心を持つきっかけになればと願っています」

駿府城の近くに静岡市歴史博物館が２０２３年1月にオープンした。博物館からも城の姿を眺めることができる。家康の生涯の中では、彼が大御所時代にこの地で過ごした時も含め、世界各国から使節団が訪れた。家康の平和外交も紹介するのが博物館の柱の一つである。

2　地域の原風景を城とともに大切にしたいという「富松城」

▲アクセス　兵庫県尼崎市富松町2丁目13　阪急電鉄武庫之荘駅下車　徒歩13分

城と村人の暮らし

地域住民が世代を超えて一つになり、中世の城跡を活かして、学ぶ。その結果、破壊される予定だった城跡が、保存に繋がるケースもある。城跡と言っても、一部の土塁と堀が残った小さな丘である。それでもこの小山は地域住民にはかけがえのないものだった。

兵庫県尼崎市富松町にある富松城跡がそうである。15世紀前半に作られた城で、現在は土塁の一部（高さ4メートル、長さ50メートル）が残っている。城は伊丹城、越水城、大物城の三点を結ぶ中間地帯にあり、これらの連絡用の城として機能した。戦国大名の三好長慶も短期間入城した記録もある。城は天正期まで存在し、その後は廃城になった。

富松の町は、明治時代は富松神社を中心に、東西に規模の大きい集落があり、在郷町（小規模な都市的な村落）と言われる特色があった。農業の町で、稲作のほかに一寸豆と呼ばれるそら豆などが名産品として作られた。1942年に尼崎市大字東富松になった。

のどかな光景の農村が変わったのは、昭和30年代半ばからである。尼崎市は阪神工業地帯の中心になり、宅地化が急速に富松に押し寄せた。戦前は2000人近い人口だったのが、1970年には1万人を超えた。

富松城跡、手前が堀、左手の小山が土塁。

それまでの富松には城とともに村の暮らしがあった。人々は富松城を「城山」と呼び親しみ、そこには狐や狸が住んでいた。大寒の季節に狐が人に悪さをしないように、村の人々は小豆の入ったおにぎりと油揚げを葉に包み藁で縛って、城山に投げ入れる習慣があった。これは食べ物に困る狐や狸への施しだけでなく、その食べ物の残り具合で作物の出来を占う意味もあった。

城には八幡神社もあり、信仰の場所であった。

土塁の東側では春になると狸の親子が寝てい

ることもあった。夜になると狸の親子が城から出て、農家の勝手口を叩き、餌をもらいに来ていたという。

土塁に沿って作られた堀跡は、ひょうたん池と呼ばれ、冬に氷が張り、子供たちが、長靴を履いてスケートのように滑ったりした。桜の木もあるので、毎年4月3日には家族総出で、弁当を持って城に上り「弁当節句」行事を行った。これから種まきをして田植えを行う前の行事である。

だがいつしか村の伝統行事も消えつつあった。富松神社宮司の善見壽男《よしみひさお》は語る。

「以前は地域自体に潤いがあって、郷土の歴史や伝統行事など文化的な雰囲気もありました。ところが農地が宅地化され、新しい住民が増えると、行事が伝わらなくなったんです。旧住民からすれば、新しく来た人はよそ者、新しく来た人から旧住民を見ると田舎者といった棲み分けができてしまったんです」

都市化され、地域の住民の人間関係は希薄になり、個人の生活が優先されるようになったのである。その原因はいくつかある。

古くからいる人が、新しく来た人へ地域の歴史を伝えていないのも一因だった。これを解消するため、富松の歴史や文化、風土を伝える動きが１９８９年に始まった。

新旧の住民、世代を超えた繋がりを作ることで、富松は自分たちの町という意識が住民に芽生えると考えたのである。その活動を発展させて設立されたのが、１９９２年に作られた「富松21（トエンティワン）」である。

メンバーは富松に古くから住む人たち10人で、新住民に富松の歴史、風土、文化を伝える学習会からスタートした。堅苦しい勉強会でなく、酒も飲みながら互いに交流し、富松で１００年以上も栽培されている「富松一寸豆」を活かした「一寸豆祭り」というイベントも行った。この地に伝わる伝説の鬼「茨木童子」を伝統行事として、次世代に生かす取り組みもなされた。

地域の交流が盛り上がってきたその矢先、城がなくなるかもしれないという危機が起こった。

富松城を守りたい

発端は2001年12月、富松城跡の土地所有者が相続税対策のため、この土地（約400坪）を国に現物納入することになったことだった。そうなれば、いずれは民間に払い下げられマンションなどになる。無くなってしまうのなら、その前に富松城はどのような歴史を持っているのか、城跡があるうちに学ぼうという機運が高まった。2002年1月「富松城跡を活かすまちづくり委員会」（会員110名・以下まちづくり委員会）が結成された。

当時代表を務めた善見壽男は語る。

「富松の旧住民だったらあの城の風景を見ながら育っているんです。それが無くなるかもしれないと思うと、城への印象が今までと違ってとても大事なものに見えると思うんです。そこから富松城はどんな歴史を持っているのか、学ぼうと勉強会が始まりました」

城を正しく理解するための「まちづくりシンポジウムⅠ」として2002年3月30日に「富松城の攻防・その時、京を動かした―富松城跡はどれほど貴重か―」のテーマで地元の寺で開催され、186名が参加した。講演会の後に、「富松城はどれほど貴重か」というテーマでシンポジウムが開かれた。

4月には富松城に5メートルを超す立て看板「中世の富松城を守ろう!!」を建てた。6月1日にはホームページ「尼崎の宝・中世の富松城跡が、いま危ない」が作成され、地域だけでなく全国に情報が発信されることになった。

6月8日には「まちづくりシンポジウムⅡ〝戦国の城・高松城の実像に迫る〟」が開催され、専門家による城の現地見学会、発掘調査の成果を発表する「富松城を掘る」「富松城はどこまで復元できるか」などの講演が行われた。講演会には382名が参加し、徐々に活動の成果も浸透してきた。

7月には富松城の一夜城で、子どもたちも含めて300名で櫓や土塁を作った。堀の清掃も定期的に行われている。

この地は平安時代に開墾されたらしい。鎌倉時代の掘立柱建物、井戸、土坑などが見つかり、天目茶碗や茶釜、火鉢、羽釜、備前焼甕、擂鉢、瀬戸焼皿、常滑焼甕、丹波焼壷、青磁椀、白磁椀、宋銭などのほか、鎌倉時代から室町時代にかけての瓦が出土している。

この地に城が築かれたのは戦国時代になってからだ。コの字型の大きな堀が屋敷を囲むように作られ、土塁の外と内側の2か所に堀が作られていた。二重の堀で防御された城だった。城は16世紀前半まで存在し、何らかの理由で城が壊された後は、更地になって江戸時代初期には農地、後期には宅地になった。その中で土塁と堀が残ったままになっていた。

城を大切にすることで、活性化された地域

「まちづくり委員会」相談役で、70代の宮本良一は富松城の思い出を語る。

「僕らは小さいころから城と呼んでいました。桜が沢山植えてあって、城の上で弁当を食べました。そんな思い出もあるので、城への愛着はものすごく強いです。だから土地が競売にかけられると聞いて何とかしたいという気持ちが湧いてきました。原風景を残すにはきれいにしなければならない。その一環に堀の掃除があったんです」

当初、堀にはブロック、瓦、ペンキの缶など産業廃棄物が数多く捨てられ、汚くなっていた。そこへ新住民の大人も子供も加わり、一緒になって掃除をした。最初は年に3回ほどだったが、毎月やりましょうという声が出始め、今では毎月第2日曜日に行っている。

善見は言う。

「城の清掃活動は会の原点です。神戸大学大学院人文研究科教授の市澤哲先生にも、なぜ掃除をするのですかと聞かれたことがあります。私はこう答えました。自らが城跡に学び、自らが歴史に接し、自らが富松地域に、歴史遺産の富松城という場所に今いること。そこにいるだけで、掃除して草を刈ったりすることで、自然と歴史を学ぶことができるんですと」

城跡の近くにある塚口中学校は生徒会を中心に30人以上の生徒が清掃に来てくれるときもある。まちづくり委員会の大人たちは子どもたちに、掃除の時に通った大人に積極的に挨拶をして下さいと伝える。すべての出会いは挨拶から始まる。そこから大人たちの堀へのポイ捨てもなくなった。年寄りは、掃除する子どもたちに「ご苦労さんやな」と暖かい言葉をかけてくれるようになり、世代を超えた交流が生まれる。

会の宮本良一は言う。

「箒の使い方、隅の掃き方、平面はこう掃くとか、実際に教えました。また木の切り方、ハサミの使い方も実地で教えることで、緑の中を掃除することを学んでくれました。学校からもハサミや箒、ちり取りを寄贈してくださいました。掃除の休憩時間に大人たちと話すことで、結びつきもでき、体験学習の場にもなっています」

かつては城に穴が空いており、そこに狐が巣を作っていたことを大人たちから聞いて、子どもたちは驚いたという。

活動は軌道に乗り、２００３年以降はホームページに「バーチャル富松城歴史博物館」が制作された。

しかしまちづくり委員会は、城の保存運動をやっていない。例えば、市にこの土地を買い取ってもらいたいという要望を出したわけでもない。城が今あるときに学ぼう、活かそうという思いで行っただけである。

富松城跡という約４００坪の土地が、市民にどういう意味があるのか、自分たちで問いかけ、自分たちで答えを出す作業となった。

活動の特色は市民による町おこしなどの話題作りイベントと異なり、市民が主体となりつつも、行政の文化財専門職員や大学の研究者の力をかりて、自分たちの目的をさらに充実させていった点にある。

ホームページ「富松城歴史博物館」は、展示内容、展示室の配置なども専門家から意見を聞き、議論しながら作成を進めた。また城跡は遊び場であったが、このことにまつわる項目の執筆者は専門家でなく、住民が担当した。博物館の内容についても、専門家に丸投げするのではなく、住民の側から主体的にまず提案し、その後に専門家の知恵を求めた。互いに議論を重ね、いい内容となるように工夫した。

広く活動を発信

２００５年3月23日に富松城跡の保存と活用について、国の機関である神戸財務事務所と尼崎市との間で「国有財産管理委託契約書」が交わされた。期間は２００５年4月1日から3年間である。

富松城跡の土地は国のものだが、３年間は市が管理することになったのである。要は城跡を国が売却するまでに3年間の猶予がついたのである。

バス停の名前も「富松城跡」に変わった。シンポジウムや現地説明会が行われるようになり、富松城跡に訪れる人が増えた。その際、従来の「富松北口」の表示だと、どこで降りれば城跡に行けるかわからない。そのために住民たちは以前から名称変更を申請していたのである。実現したのは、市民活動の取り組みが市で認められたからである。

２００５年4月から、行政も一緒に活動する機運ができてきた。「まちづくり委員会」が市の教育委員会を訪ね、教育長に「富松城跡を活用して、重要性を多くの人に伝え、保存につなげたいので、お互いに協力しましょう」と意見交換したのもこの頃である。ここから市の教育委員会の助言も聞きながら、活動をすることになった。土地の管理委託は3年後に再び2年延長され、以後1年ごとに契約が更新された。

若い世代にも富松城跡への関心が広がった。

２００6年には「全国中・高校生歴史サミット２００６」に応募予定の県立尼崎高校の女子生徒2名が訪れ、以後県立尼崎高校の生徒たちは富松城を訪れるようになった。生徒2名はサミットで最優秀賞を受賞する。そのうちの一人は大学に進学して歴史学を専攻した。富松城での学びが、本格的な歴史への学びに繋がったのである。

２００６年2月9日に尼崎市主催シンポジウム「歴史とまちづくり─富松城からの発信」に基調講演として神戸大学文学部助教授（現同大学院人文研究科教授）の市澤哲が「地域遺産と地域社会の関わりについて─富松地区の活動から学んだこと─」を行ったのも大学との交流を示している。

学校関係者もさらに富松城跡に興味を持ち、２００９年には尼崎市立小中学校教諭研修グループの勉強会で「まちづくり委員会」代表の善見が、地域に根差した取り組みをするためには、地域や保護者、家庭での活動が必要だと説いた。例として富松城跡での取り組みを紹介し、その後尼崎北高校の生徒たちも校長や教師と共に城跡にやって来た。

活動の中でユニークなのが、尼崎探訪家でイラストレーターの井上眞理子による「富松城と富松の原風景マップ」の作成だった。もともとは２００２年11月28日から12月1日まで「見直そう尼崎の宝・中世の富松城展」が富松神社参集殿で開催されたが、ここに井上が描いたマップが展示された。富松城展に来た住民に、昔の風景や言い伝えを思い出してもらうために描かれたものだ。マップに描かれた時代は大正末から昭和初期である。来場した人たちが、小川で魚取りに行ったこと、どじょうや、ふな、蛍が小川にいたこと、庄屋近くに大きな堀があり、牛を洗ったことなどを記してくれたため、城をめぐる原風景が明らかになった。

この地図は、２００６年の「市制90周年記念歴史展」のときに、古老への聞き取りの成果も反映させて、再度描かれ展示された。

富松城跡を通して、世代や住民の新旧を超えて、つながりが生まれ、ひとつになって活動してゆく過程が伝わる。

城跡の保存が決まる

城の保存問題に決着がついたのは、2016年10月だった。富松城跡と評価額の近い市の公有地と、富松城跡を市が等価交換した。富松城跡は市の所有物となり、城跡の保存が決まった。

今後はどのような活動を続けていくのか。善見はまちづくり委員会が発足したときに重視した3点を、今後もどう活かしてゆくかだと考える。

1点目は富松城を通しての歴史学習を行うこと。2点目は野鳥や自然観察など緑化された土地の環境問題を学習すること。3点目は地域住民のコミュニティのできる場所であること。

あえて答えを見つけてゆくのではなく、どういうふうにしたらよいかを協議、討論するなど、考える時間を持つことも大事になってくるという。自分たちの頭で城跡をどう活かすかを、考えることが大切なのである。善見は話す。

「カルチャーセンターのように自分が学んで楽しいというのは自己の満足や趣味の範囲でしかありません。大人としての本来の学びは、学んだことが社会をよくしていく方向に働き、その力を出せたことに意味を持つのではないでしょうか。富松城跡の取り組みはそういったトレーニングをする場所で、それが町づくりに繋がるのです」

尼崎市立歴史博物館では第5回企画展として、2022年4月から6月まで「――まだまだ謎だらけ――ここまでわかった富松城」が、また展示学習室では4月から9月まで「地域の宝・富松城跡――保存活用の軌跡」が開催された。

富松城での地域での取り組みに着目していた尼崎市の市史編さんやアーカイブス事業に長く携わる

辻川敦はこう語る。

「富松のような保存運動は日本中探してもほとんど例がありません。城が危機に陥った時、この城のことを皆で学ぼうというムーブメントが市民の間で起こりました。だいたい史跡の保存運動が起こると、学者やごく一部の関心のある人が頑張って、周りはあまり関心を持とうとしないことが多いと思います。富松はそれと逆でコミュニティの力が主だったんです。以前から本当の町づくりとして取り組んでいたので、地域のことを勉強しよう、子どもたちにも伝えようということがコミュニティの核になっていました。住民ぐるみの活動の中で、行政や大学の関係者たちがネットワークに入りバックアップするという活動で、城は保存に至りました」

そのような活動を可能としたのは住民たちの土台にある郷土への愛である。ここに住み、ここで育ち、ここを大事にしたいという素朴な願いがある。それは伝統行事や歴史と切り離せない。それが人々のアイデンティティになって地域を強くする。

史跡は、地元住人からの理解がなければ、本来の活用を行うことは不可能だ。富松城跡は地域活性化の推進力となったばかりか、地域の人々も育てる役割も果たした。

3　町と城を一体化した観光政策　鳥取県「米子城」

▲アクセス　鳥取県米子市久米町　JR米子駅下車　徒歩16分

天守のない城の城下町

鳥取県米子市は江戸時代からの城下町であり、古い町並みが今も残っている。その中心にあるのは米子城である。鳥取県と島根県の県境に近い潟湖と呼ばれる湾を臨む場所に湊山という標高約90メートルの小高い丘陵がある。その頂上に本丸などの石垣が築かれている。市街地からも石垣で囲まれた天守台や本丸などの聳える姿を眺めることができる。

米子城の本丸に立つと、360度のパノラマのように展望が利く。西は海、東は市街地と、地域のありようを知ることができる。

米子城

天正19年（1591）に領主となった吉川広家によって、この地に本格的に近世城郭が築かれた。広家は毛利家の家臣だが、秀吉の命によって出雲3郡、伯耆3郡、安芸1郡、隠岐1国の領主となり約12万石を有した。

広家は島根県安来市の月山富田城に入ったが、米子にも城を築き、ここを居城とした。

米子市文化振興課の濵野浩美は語る。

「山にある月山富田城と海の傍に作られた米子城と二城体制として捉えるのがいいですね。月山富田城を本城にして、米子城は海側の前線基地として築かれたと考えられます。登り石垣が見つかっていますので、朝鮮出兵を意識した日本海側の抑えという意味があったのでしょう。秀吉の意向が大きく反映されていると思います」

主家筋の毛利家も郡山城と広島城の二城体制だが、広家も同様に米子城と月山富田城を持つ二城体制で、領国経営を行った。

米子城　登り石垣

とくに秀吉の朝鮮出兵に伴い山間部の月山富田城よりも、海から準備、渡航するため米子城に政治的な比重が移って行ったのだろう。

米子市では「史跡米子城跡保存整備事業」の一環として２０１５年から史跡の内容確認調査が行われている。絵図に残る米子城の姿は、江戸時代中期のもので、吉川広家や中村一氏の頃の城の全貌が掴めなかったが発掘調査で明らかになっているという。

そのなかでも目を引く特徴の一つが日本でも数例しか見られない登り石垣である。これは２０１６年の発掘調査で明らかになった。

登り石垣は、城の斜面の縦方向に築かれた石塁である。下の郭から本丸まで幅１メートルほどで一直線、あるいは屈曲して本丸まで延びる。敵が城を攻めた時に横への移動を防ぐため、港湾防御、山麓と山頂の一体化などの目的で作られた。防御する側は登り石垣を使えば、麓から本丸まで短時間で行けるので、城への伝達において便利である。

秀吉の朝鮮出兵で、朝鮮半島に日本の武将が城を築いた（倭城という）が、このとき登り石垣が多く築かれた。その代表格は蔚山《うるさん》倭城、西生浦《せいせいほ》倭城などである。広家も朝鮮半島に出兵し、東萊《とんね》倭城（釜山広域市）を築いている。

朝鮮半島で日本の武将は、海岸や河川の近くの丘陵に城を築くことが多かった。海からの補給口とするためである。ただ本丸は小高い丘陵にあるので、本丸と港を取り囲むように登り石垣が作られた。最新の築城技術は、日本に帰ってからも城作りに活かされ、伊予松山城、彦根城、淡路洲本城、鳥取城、竹田城などで見られる。

米子城では40メートルの登り石垣が確認された。石垣を修復するために作られた「米子御城石垣御修覆御願図」（寛文7年）には、本丸（遠見櫓北東隅部）から内膳丸にかけて登り石垣が描かれている。調査で絵図のとおりに登り石垣が作られていたことがわかった。

米子御城石垣御修覆御願絵図（米子市立山陰歴史館所蔵）

石垣の高さは約3メートルだと推定されている。また発掘では登り石垣は途切れていたが、築城当時は総延長２３０メートルと長大だったこともわかった。登り石垣の東側には土塁も作られ、厳重に城の防御もなされていた。

米子城は海沿いにある。広家が米子港も整備しており、城は補給や物資の輸送の重点箇所にあった。丘陵の上に本丸がある立地は、朝鮮半島で作られた倭城と似ていたから、港湾防御と山麓と山上一体化のために登り石垣を取り入れたのだろう。ちょうど海から見れば、登り石垣が本丸に聳える姿がよく見える。視覚的な効果もあった。

濵野は語る。

「もっと多くの登り石垣があった可能性があります。二の丸御殿の裏中御門側からも石垣が出ていますが、これも小さいですが登り石垣と思われます。米子城は海からの攻撃に対しても、万里の長城を思わせる登り石垣などで、誇示し対抗する意識もあったのでしょう」

登り石垣の上には瓦葺きの土塀が作られた可能性もあるという。２０１７年の調査では、本丸番所跡から二の丸の桝形にかけては竪堀も確認された。これも敵の横移動を防ぐものだ。登り石垣と、竪堀と２つで、防御のラインを固めていた。

広家の時代には、米子城の７割はできていたとされている。城主の吉川広家は、毛利輝元とともに関ヶ原では西軍に属した。輝元は合戦時には大坂城にいて、西軍の総大将でもあったので、本来は改易するはずだったが、吉川広家のとりなしで、１１２万石（山陽・山陰など）から29万８千石（周防・長門）の大減封にとどまり、その際に吉川広家も周防岩国に３万石で移った。

広家の代わりに米子城には駿河から中村一忠が来て、伯耆国米子藩主となり、約18万石を有した。慶長７年（１６０２）に米子城が完成したが、中村一忠は20歳で急死し、中村家は断絶してしまう。以後、城主は美濃藩主加藤貞泰、池田由之らが務め、明治維新を迎える。明治６年（１８７３）に城の建物は売却され、数年後に城に残った建物も取り壊された。

本丸には広家によって天守台石垣が築かれた。広家の時代に３重４階の天守はあったようだ。関ヶ原後、中村氏が入国すると、広家の作った天守の隣に、さらに大きな４重５階の天守を築いたといわれる。

米子城は２００６年に本丸跡、内膳丸跡、二の丸跡が国の史跡に指定され、２００８年に「史跡米子城跡整備基本計画」が策定された。この整備基本計画に基づき、米子城跡の保存・活用に向けた取り組みを進め、遺構の確認調査などを行っている。

調査のおりおりに「史跡米子城跡発掘調査現地説明会」が行われ、毎年150名前後の参加者が見られるという。

発掘作業中でも、調査場所によく市民の人々が調査員に尋ねる場面を目にした。平日でも全国から100人近くの人が城への登城に訪れる。

調査を担当している濵野は言う。

「市民に調査を気軽に見て頂き、発掘成果など話ができるように努めています。地域の人に文化財に対して誇りと愛着を持って頂き、文化財を残したいという気持ちを持ってもらえたらと願っています。こちらも随時説明し、大いに発掘の情報を発信したいですね」

2017年には「史跡米子城跡保存活用計画」が策定された。その柱は米子城跡の調査研究を行い、成果を将来に継承する、城を地域のシンボルとしてまちづくりに活かす、これらの成果を踏まえ、観光拠点として充実させることが目標とされている。

観光拠点としてまちづくりを行うにあたり、米子城だけでなく、江戸時代からの城下町の魅力、日本遺産に認定された加茂川沿いの地蔵などといったこの地域の歴史に光を当てることで、米子城もより歴史文化資源として活きてくる。ただ大事なのは、文化財としての根幹は守らなければならないということだ。発掘担当の濵野浩美はこう本に書いている。

〈…ここで最も大切なことはまずは遺構の保全である。整備復元し、活用していくことは大事であるが、元々の遺構があっての文化財としての城跡である。それにはまずは調査研究を継続的に進めていかねばならない。文化財保護という側面で見れば、地下にねむる遺構に対して何もしないということが、後世にそのまま伝えることになるが、現在はそれだけでは不十分である。詳細な調査研究を行ったうえで、学術的価値をきちんと検証し、その成果を活用していかねばならない。調査研究成果の活用などにより、米子城の歴史や特徴などへの理解を深めるための仕組み作りを進めることが大事なのである。〉（濵野浩美「これからの国史跡米子城跡」中井均編『伯耆米子城』、２０１８年）

遺構の保存で焦眉の急とされるのは、樹木や樹根をどう整備するかである。樹木は石垣を壊し、葉が茂ればなお景観を悪くする。樹木の根はまだ目に見ぬ地中下の遺跡を破壊する。樹木の伐採は喫緊の課題である。

〈樹木や草が生い茂る状況では、見学する部分も限られる。管理され、整備された状況で初めて、観光客なども誘致できる〉（同）

樹木や雑草による弊害は、文化財保護で全国の担当者を悩ませている。実際のところ、伐採などの作業は大変厄介で困難な問題である。しかしこれらを決して疎かにせず、整備が十分になされてこそ、文化財の活用計画も本当に生きてくる。

観光は城下町を活かすことから

行政から独立して米子城や城下町などの史跡を広報する団体がある。「米子観光まちづくり公社」である。通常は市などの観光案内所や観光部局が軸になって、市の魅力をPRするが、「まちづくり公社」は民間の団体として活動している。城や地元の良さをどう活かしているのか、観光とはどんな意味を持つのか考える契機となる団体だ。

「まちづくり公社」が設立されたのは、２０１８年3月である。理事長の川越博行は60代後半で、前職は鳥取県職員だった。それも主に税金や危機管理などを担当していた。それがなぜ畑違いの観光の活動を始めたのか。

「職員時代に県の文化観光局に所属した時期があったんです。２００７年から2年間「とっとりコンベンションビューロー」に派遣されました。その本部が米子でしたので、それが米子と関わるきっかけでした」

「財団法人とっとりコンベンションビューロー」は、１９９５年に設立された。政治団体や宗教法人社会団体などの全国大会や代表者会議や、シンポジウムといった学術交流などの催しを、鳥取県で行うように提案誘致する組織である。鳥取県で大きな催しを行い、県内の経済を活性化することを目的としている。

川越は事務局長と誘致部長などを兼任していたので、種まきとして東京などのいろいろな組織を訪問した。しかし反応は芳しいものではなかった。

鳥取の食べ物の美味しさや、風光明媚なところをアピールしたが、全国どこでも同じと一蹴されたのである。そこで彼は鳥取独自の魅力を売り出そうと勉強を始めた。川越は２０１３年に米子の町《まち》家《や》・町並み保存再生プロジェクト設立に関わり、米子の町家や町並みが観光振興の有力なコンテンツになることを確信するようになった。しかし県内自治体の観光協会に働きかけても動きは鈍い。そこで川越は自分で動くことにした。

川越は言う。

「米子の町を調べてみますと、４００年前に出来た町並みが端々に残っていることがわかったんです。これは全国的に見ても面白いのではないかと思いました。地域の活性化として有力なものだと考え、市に代わって民間の有料観光ガイド事業をやることにしました」

そして観光ガイドや町家のリノベーションを行う建築士、不動産業者など米子に関心を持つ15人が中心になって「米子観光まちづくり公社」を立ち上げた。

拠点は江戸時代からの町家「旧外江屋《きゅうとのえや》」を改築した「米子まちなか観光案内所」である。まちづくり公社の目的は、米子城跡や城下町の歴史的町並を保存し、それらを観光に活かすことだ。

米子の城下町は、戦国時代末期に吉川広家が米子城築城と共に、町割りを行い、中村一忠やその後の城主加藤貞泰によって整備された。加茂川が米子城の外堀となり、運河や商人の町、寺町が作られ、現在に至っている。

米子市には約700の町家が残る。この数の多さは全国でも希である。もともとは2700軒あったが、建物強制疎開や都市開発で姿を消した。これらの町家は地域活性化に使えると川越は考え、町家めぐりのコースを考案した。米子城跡コース、城下町満喫コース、寺町銀座コース、加茂川・中海遊覧船コース、小路《しょうじ》八十八コース、地蔵札《ふだ》うち体験、近代建築をめぐるコースなどがある。地元の陶芸家、大学教員、会社員といった多彩な顔触れの観光ガイドが案内する。

観光ガイドがボランティアによるものではなく、1時間で利用者1人あたり1000円と有料である点に特徴がある。2時間で2000円だ。松江城の観光ガイドだと、十数人で1500円。1人あたり100円ちょっとだ。なぜこのシステムなのか。事業が民営化されると、税金で補填できないので有料でないと成り立たない面もある。米子市文化観光局の文化振興課文化財活用担当の中原斉は言う。

「周辺に比べたらガイド料が高いですね。ボランティアガイドは無料になると、ガイドする側もされる側も甘えみたいなものがつい出るんですね。ガイドするより、自分がしゃべりたいことを話す人もいます。かつてある遺跡のボランティアガイドではその点で苦労しました」

川越は、観光ガイドに求めるものは「プロのスキルだ。有料ですからお客様に満足して頂かないと」と語った。希望者の案内を見て、言葉遣いやタイムキープ、お客さんへの態度、話す内容まで判断して、登録希望者の中からガイドを選ぶ。中原も言う。

「大型バスのツアーで上手に話すバスガイドとは違うので、小路の隅々まで知っている人がいて、ここにある石ころにはこんな意味があるよと教えてくれる人がいれば、全然ツアーの満足度が違うわけです。ガイドの仕事は観光地である城下町とお客さんとの間を通訳することです。文化財そのものは喋りませんが、その魅力を喋る人がいて、繋いでもらえれば文化財もさらに生きてきます」

米子には町並みの間をぬける小路が約100ある。そこには大通りには無い、町の生活の顔が見える。今も所有者の好意で、個人の住む町家の内部を見学することもできる。よそ行きの景観だけでなく、住む人々との交流もでき、町の生身の生活に触れることができる。それは観光を一つのファクターとしながら、歴史の町並みを守るという文化財保存にも繋がっている。他の地域では見られない観光の在り方なのかもしれない。

もう一つの魅力「地蔵信仰」

地蔵信仰もこの町の特徴だ。米子市の地蔵信仰は、天明の時期（18世紀後半）に京都の宮大工が米子に来て、亡くなった子供たちの供養をこの地を流れる加茂川沿いで行ったのが始まりである。そのと

地蔵札

き京都の地蔵盆の風習が伝わり、「延命地蔵」「子安地蔵」「繁盛地蔵」として、城下で祀られるようになる。

とくに米子では地蔵札を打つという風習がある。加茂川沿いや寺町の地蔵に、札を順番に貼っていく。身内が亡くなると、霊を慰めて、お地蔵さんに浄土に連れて行ってもらうために、お地蔵さんの祠に札を貼る。

札には「南無地蔵大菩薩」と書いて、亡くなった人の戒名や年齢、日にちを書く。亡くなって7日ごとに地蔵のもとを訪れ、手を合わせ札を貼る。それを四十九日まで行う。この日に赤い札を貼って終わる。伯耆《ほうき》西部から出雲東部に伝わる珍しい風習だ。

岡山県の人が地蔵札のことを知り、父親の供養をしたいと米子に札を打ちに来られたという。地蔵札の風習はただの観光と違った、先祖供養も含めた地域への愛情に繋がる。

観光政策は新たなものを作る方向に目が行きがちだ。それもいいが、川越は「ないものねだりから、あるもの探しへの転換」が大切だと述べる。米子には「よそにないものは何があるのだろう」と探すことに重きを置く。

米子城をどう活かすか

川越によると観光客の半分が米子城へ、半分が城下町巡りに来るという。米子城も国の指定史跡になり、全国的な城ブームが観光熱を後押ししている部分もある。

その中で天守を復元できないのかという声もある。これには賛否両論があるが、観光の側面からはどのような見解がもたれているのだろうか。米子城も昔から市民の間から、天守を復元し観光に活かしたいという意見は出ていた。

川越は言う。

「市民が望まなかったら天守を作っても意味がない。市民が望めば作ればいいんじゃないかと。これは町づくりだと思うんです。市民が同じ方向にむかって意識を統一することが大事だと思うんです。ただ現実に史料などのハードルはあります」

中原も言う。

「結局天守を建てることは、復元になるから、本物の天守ではありません。ただ一般の人が当時の城の姿を理解する助けにはなると思います。復元の条件が整わない所でも無理やり作ろうというのではなく、米子城の場合は図面など条件が整っているので、将来的にはトライしてみる価値はあるようにも思います」

中原は、米子城は石垣が立派で見栄えがするので、現在は石垣の魅力を精いっぱいアピールできたらそれで面白いのかなと思うとも語ってくれた。

米子城をはじめとする文化財は今後どのような道を歩むのだろうか。ただ観光と言っても用途は様々だが、本来の意義に立ち返ることが大切になってくる。本来の意義とは、歴史遺産から学ぶという主眼から外れない観光のありかたと言ったらよいだろうか。

第5章　城に天守は必要なのか　再建ブームに思う

全国の城の殆どは天守が復興されない城で占められる。中世の山城も数多く存在する。石垣や堀、郭の構造など今あるものに関心を寄せるのも城の深い味わい方の一つである。それを知ると城歩きがもっと面白くなる。

1　東日本一の高さを誇る石垣「甲府城」

▲アクセス　山梨県甲府市丸の内1丁目5－4　JR甲府駅下車　徒歩5分

まず石垣を見て欲しい

元禄時代、5代将軍徳川綱吉の側用人として権勢を振るったのが、柳沢吉保である。彼は側用人の中でもとりわけ権力を持ち、大老格の扱いを受けていた。彼が甲府城に赴任したのは、宝永元年（1704）で15万石の大名であった。ただし吉保は政務で忙しく、城を訪れることはなかった。もっぱら家老が甲府に在城し、政務をとった。

甲府駅から眺めると、小山に石垣が積まれた城跡が威厳をもって聳えている。これが甲府城だが、東西470メートル、南北560メートルにわたった平山城である。本丸の中に方形に高く野面積みされた天守台は、天守などの建物はないが、城の誇りのような存在感を伝え圧巻である。標高は

304メートルで、ここから富士山や南アルプスを見ることができるのも登城の楽しみの一つだ。

平成初期から城の整備は進み、現在は稲荷櫓、内松陰門、鍛冶曲輪門、稲荷曲輪門などが復元され、本丸に立てば甲府の市街地が一望できる。平日の昼休みにはサラリーマンや若い女性たちが城を訪れ、小学生の遠足でも賑わう。

甲府城、天守台

この地には鎌倉幕府前に、源頼朝に殺された一条忠頼の居館があったと言われるが、現在の形の城はいつできたのだろうか。この城の土台を築いた人物については諸説あるがはっきりしない。城主は平岩親吉、羽柴秀勝、加藤光泰、浅野長政、浅野幸長と続き、10人目が柳沢吉保である。ただ浅野幸長の時期までには現在の形が完成したと言われている。浅野は文禄2年（1593）から慶長5年（1600）まで城主だったから、この間に作られたのだろう。
城からは金箔の押された豊臣家家紋の「五三桐」「五七桐」や浅野家の家紋の入った瓦が見つかっているので、織豊期の城郭として作られた。甲府城が作られた目的は、江戸を所領とした徳川家康をけん制するために、長野県の高島城、松本城、小諸城、上田城、会津若松城などとともに作られたと思われる。これらの城がちょうど江戸を包囲する形になる。
この城の魅力は何と言っても石垣である。それも築城期の野面積みの石垣が、本丸、天守曲輪、稲荷曲輪など豊富に残っていることである。天守台の石垣は、一部が太平洋戦争時に改変をされたが、殆どが築城時のままの姿で残っている。

山梨県教育庁学術文化財課埋蔵文化財担当（当時）の久保田健太郎は城の特色を述べる。

「やはり石垣の美しさですね。古い積み方である野面積みですが、荒々しく豪快で、迫力があります。それにこの積み方にしては大変高いのが特徴です。城の東側の石垣は17メートル近くあり、この城が作られた当時は東日本最大です」

甲府城、野面積み。

甲府城は岩盤の山全体に築かれているため、礫をそのまま川などから持ってくる積み方ではなく、岩盤から礫を割り取っている。大きすぎるものは分割したり、削ったりして石垣に使っている。その点が取った石をそのまま石垣に使う通常の野面積みと異なる。

城のある山自体が岩盤だが、それ以外にも城の北東にある愛宕山山麓に安山岩の石切場（史跡名「甲府城愛宕山石切場跡」）があり、ここからも石を採掘している。

久保田は述べる。

「岩盤から割っ取って石を外したり、大きすぎる石は分割してみたりと調整して、いろんな石を石垣に積んでいます。石の大きさも不揃いですから、ごつごつした石が並べられて、これが非常に躍動感があるんですね。そんな豪快で荒々しい手法にもかかわらず、石垣の表面はちゃんと平らになるように丁張《ちょうはり》（工事に着手する前に、建物の正確な位置を出す作業）をかけて、よく考えながら作られたような石垣です。積み方にもこんな技術があると学べるのです。とくに雨が降ると石垣は黒光りしますから、上の白い土塀と対照的な黒が輝き、そのコントラストが目を惹きます」

一般に城を訪れる人でもその知識や目的は様々である。お城があるから見てみよう、お城で遊んでみようという好奇心で来た人も、石垣の見栄えには圧倒される。久保田は来られた人すべてに「この石垣は凄い」と言ってもらえる素材だと考える。

天守台には鏡石と呼ばれる巨石が見られる。景観や技術力を誇示するために使用されたと言われている。石垣の勾配は、直線のもの、金沢城に見られる途中までは直線だが徐々に反るもの、熊本城に見られる一定の間隔で反りが変化するものの3種類があり、甲府城にはこれらすべての種類の勾配も見られる。天守台の石には兄弟石という同じ石を二分割して、離れた位置の石垣に使ったものが3組もある。

隅角部の石垣には角石を井桁状に組み合わせて積んでゆく算木積みが見られるが、甲府城は野面積みを用いた初期の石垣のためか、算木積みはときに乱れている。

城の所々に安山岩の露頭があるのも特色である。中には露頭が石垣のなかに組み込まれている箇所も見られ、築城の際に上手に岩盤を利用していることが窺われる。岩盤に造られた城は、地面がしっかりしているので、地震にも強い。石垣が400年以上も残ったのも、ここに理由がありそうだ。

このような多様な姿の石垣を見ることができるのが、甲府城の魅力なのである。

〈一見すると同じ様な野面積みでも、このように、石垣の構築技術の視点から見ると多様な技術が混在していることがわかる。そこに時代の過渡期に造られた甲府城石垣の文化財的価値が存在するのである〉（山下孝司・平山優編『甲信越の名城を歩く　山梨編』宮里学「甲府城」ｐ１６２）

そのために石垣の整備は今も念入りに行われる。山梨県は、石垣を未来に残すために、詰石の補修工事がなされている。しっかりと詰石が詰まっていると、石垣の変形を防ぎ、進行を遅らせることができる。詰石は小さな石だが、この石の役割にも目を留めると、石垣の石が大小それぞれ大事な役割を持っていることがわかる。

〈些細なことかもしれないが、石垣一つひとつを守ることは、つまり甲府城全体を守ることに繋がる。〉（同）

甲府城の北側には武田信玄の城下町が広がり、居館である武田の館は、土塁や堀を中心とした中世的な城である。近世城郭の甲府城と比較しながら、同じ市内で戦国期の城と近世の城の違いを学ぶことができる。

城主柳沢氏の顔

甲府城から伝わるのは、柳沢吉保の素顔である。彼は15万石の領主となってすぐに城を修復した。吉保は甲府城を拝領すると、本城の修復願いを幕府に出して、宝永3年1月に甲府城の大改修を始めている。藩主の居館の屋形、政務の場の楽屋御殿、本丸御殿を建て、花畑曲輪も作った。

吉保の日記「楽只堂年録《らくしどうねんろく》」には石段の段数まで描かれた緻密で精度が高い城の絵図が描かれ、現在でも城を描いた代表的な絵図である。

吉保の祖先は武田家の家臣だったので、甲府が自分の領地になったことを大変喜んだと言われている。在城はしなかったが、江戸から城にいる家臣に頻繁に手紙を出し、領内の様子を気遣っている。甲府の家老藪田重守への文書には助言も記されている。

〈すべて完璧な人はいない。大体良くできれば良いのではないか。勤めも経験をつめば上手くできるようになる。家臣同士で交流を深め、一丸となり仕事をすれば（柳沢家は）問違いはない〉

領民、家臣思いの吉保の姿が見えてくる。彼が甲府城に来たのは、亡くなって亡骸となって運ばれたときである。生きているときに在城はしなかったが、甲府への想いは深い。

跡を継いだ嫡子吉里は、甲府城に在城した。学問好きで民政に力を入れた藩主だった。入城したときは城の能舞台で能を舞い、町民も中に入れて見学を許した。

柳沢親子が領主であったのは20年ほどだったが、甲府にとっても大きな存在感があった。吉里も城内の御殿や門などを新築し、城下町も整備した。楽屋曲輪には、能舞台が設けられたと言われている。

彼が大和郡山城に転封されるときは、惜しんだ農民たちが滞納していた年貢を納めてくれ、名残を惜しみ、見送ったという。

柳沢氏がこの地を去ると、甲府城は幕府直轄の城となり、その後１４０年間甲斐に縁のある旗本が務める甲府勤番が管理した。

吉保が大和郡山城へ去ってから4年後の享保12年（１７２７）に、甲府大火という城下から起こった火事で城は焼けてしまった。柳沢氏によって作られた屋敷御殿、本丸の銅門などは灰塵と化した。大規模改修計画はあったが、結局は復元されることはなかった。

明治維新を迎え、明治６年（１８７３）に政府は甲府城を廃城とした。城内は勧業試験場とされ、その後鍛冶曲輪には葡萄酒醸造所が、楽屋曲輪には甲府中学校が作られた。明治37年（１９０４）に城跡は舞鶴公園として開放された。大正6年(1917)に甲府城は払い下げになったが、甲府城下で砂糖問屋を営む村松甚蔵が、財政窮余の県に1万円余を寄付して、甲府城を県有地にすることを可能にした。これによって甲府城跡は今に到るまで保存がなされることになった。

1968年に県指定史跡となり、平成に入り、稲荷櫓、鉄門などが復元された。2019年には国の指定史跡になっている(その後城の南側の内堀の外側も追加指定の見通し)。

天守復元の是非

2017年1月9日の朝日新聞朝刊に「天守閣はいま」というテーマで、甲府城に木造天守を復元する動きがあることが記されていた。記事の書かれた3年前から地元の商工会などが中心となり運動を行い、10万人を超えた署名が集まったという。山梨県知事も公約で復元について言及したといわれる。

復興天守は、戦後の高度経済成長のとき、地域のシンボルとして続々と建設されたものが多い。しかし平成に入って、甲府城でこのような動きがあることに驚きもした。

甲府城では「甲府城跡総合調査検討委員会」を作って、天守にまつわる文献を集めたが、天守の形を明確に示した文献はない。天守台があるから、天守は存在したとは言えない。

甲府城からは、金箔瓦や鯱瓦が出土しており、一時的だが天守が存在したという意見も根強くある。実際、天守はあったのだろうか。

久保田健太郎は語る。

「今のところ、天守があったことはどの史料にもありませんね。甲府城は百数十枚絵図がありま すが、城の初期の頃の絵図にも、江戸時代中期、後期にも天守は描かれていません。天守があったとするならば、築城された直後にあったかどうかだと思いますが、建物の跡は今のところ確認されていません」

もしあったと仮定すれば、ほんの一時期で、大半は不在の時期が長かったことになる。ではなぜ、天守が無くなったのか、火事の痕跡もでていないので、これも分からない。

ただはっきりしているのは、甲府城の天守はこのような形だったという決定的な図面が無く、それでは史実に基づいた再建の要件を満たしていないことだ。

山梨県甲府城跡総合調査検討委員会は、2017年3月に月見櫓の上に「天守」という文字を記載している絵図を報告した。しかし、県学術文化財課（当時）は、天守はもっとも高い所を指すので、天守があったことを意味するとは限らないという見解だ。

じつは天守建設の話は今になって始まった話ではない。やはり戦後の天守復元のブームの時にも建設運動は行われていた。甲府城が県の指定史跡になるときに、山梨県は天守の再建について見解を出している。山梨県としては根拠のない復元はしない、甲府城は歴史公園であるのだから史実に基づかなければならないという内容である。そこに県として正しい史跡の在り方を示している。

もちろん県では、これからも確実な史料を探してゆく姿勢に変わりはない。

久保田は語る。

「これまで櫓を復元しましたが、絵図、古写真、古文書、発掘調査の成果を含めて行いました。重く考えたいのは、櫓には人も来ますから、建築基準法の基準を満たすだけでなく、建物の下の石垣を堅固にする必要があります。今の技術では石垣を解体し地盤を補強し、石垣を戻す工事になると思われます。正確な復元とはいえ再建した二次的な建物をつくることと、400年保たれた野面積石垣の姿をそのまま残すこととの両立は、課題であり大切なことです」

もし天守を建てるとなれば、築城当時の姿をとどめる天守台の石垣は補強のためにすべて解体されることになる。文化財としての価値ある石垣を再建の天守のために破壊することがいいことなのか。戦後に天守は再建されないことで、天守台は当時の姿で今に残った。

甲府城は、国史跡に答申されたとき、新聞記事（「産経新聞」2018年11月16日）でも天守再建の話が出ている。「新世紀甲府城下町研究会」は国指定の答申をいい機会として、「図面が見つからなくても、甲府のシンボルとして建築すれば、観光客の増加に繋がる」と運動の盛り上がりを目指しているという。

だがまず優先されるべきは、甲府城の姿を正しく未来に伝えることである。甲府城が国指定された最大の理由は野面積みの石垣が本丸を中心に良好な状態で残っており、東日本における初期段階の織田・豊臣系城郭として貴重なためである。その点を忘れてはならない。

石垣を犠牲にした建物の建築は、歴史遺産を未来に継承する意味でも、大きな禍根を残すように思われるのである。

〈天守の存在については学術的にも大きな課題となっているが、本丸周辺の出土鯱瓦から高層建物の存在は推測できるものの、絵図や発掘調査からの確証は得られていないのが現状である。〉

（山下孝司・平山優編『甲信越の名城を歩く　山梨編』宮里学「甲府城」p160）

まずこの現実を直視したいものである。さらに今後天守の史料が見つかったとしても、即座には天守再建に結び付けないことが望ましい。史料はまず未来へ石垣を伝えることを重視した城の在り方を考えること、歴史を明らかにするための研究への活用、そして市民講座などでの一般への学びなどに活かされることが望ましい。

天守以外で城をアピールする方法が、まちの独自性のある観光をつくり出すことになるのではないか。甲府城の場合は、石垣の魅力を打ち出すことで、多くの人に天守以外の城の魅力にも気づいてもらい、ひいては城への理解が深まることだろう。

2021年9月30日から11月23日まで山梨県立博物館では特別展「甲府城のすべて――石垣と瓦の考古学」が開催され、石垣や瓦の魅力について知ってもらうイベントも行われた。同時に専門家による講演会「天下統一と金箔瓦～甲府城出土金箔瓦をめぐって～」「史跡甲府城の石垣築城技術と築造の実態―研究のこれまでと、これから―」も行われ、正しく城を学ぶ試みも行われた。

2023年6月には三つの学術・研究団体（山梨県考古学協会、山梨郷土研究会、武田氏研究会）が県に要望書を提出した。それは甲府城や周辺の城下町が市や民間業者による再開発が進むことを懸念したものだ。高層マンションの建築などにより、城下町の景観が失われることを防ぐために、建造物の高さを規制する条例の作成を求めている。山梨県庁を訪れ、三団体は副知事に「城下町について県と甲府市が連携して遺跡（城跡）の保護と歴史的な景観保全に取り組む」ように求めた。

また山梨県は2022年度から「史跡甲府城跡整備基本計画」の一つとして歴史的建造物等、甲府城跡に関する古文書や絵図、古写真などの資料調査収集に力を入れている。

2　山城保存の理想形「玄蕃尾城跡」

▲アクセス　福井県敦賀市刀根・滋賀県長浜市余呉町柳ケ瀬　ＪＲ木ノ本駅下車バスにて28分「柳ヶ瀬」下車後　徒歩１・８キロ

完全無欠の山城が見つかるまで

山城の保存で理想的と言われるのが、玄蕃尾城跡である。それは当時の山城の構造が郭ごときれいに残り、完成された城を現地で見ることができるからである。

〈…各郭（石垣や堀などで囲まれた区画）の機能分化と配置、馬出（城門を守るためにその前に設ける土塁など）の完成度などから、高度な築城理論で統一された織豊系山城の最高水準を示すものだといわれています。〉（「福井の戦国　歴史秘話41」「福井県ホームページ・観光文化・福井ブランド」）

玄蕃尾城跡は越前（福井県）と近江柳ケ瀬（滋賀県）の国境にある内中尾山（標高４６０メートル）の山頂にあるので、内中尾山城とも呼ぶ。この城は、天正11年（１５８３）に賤ケ岳の合戦で、柴田勝家が本陣として使った山城である。織田信長が本能寺の変で倒れ、後継者争いが熾烈さを増すなかで、最後に残ったのが信長の重臣柴田勝家と羽柴秀吉だった。

勝家は天正10年（１５８２）６月には秀吉との戦いを見越して、この地に城を築いたと言われているが、それより前の天正６年（１５７８）に築いていたという説もある。高度な構造を持つこの山城から、勝家の城への思いの深さを知ることが出来る。戦のための城だから陣城と言うべきだろう。

玄蕃尾城。馬出という主郭の虎口部。

福井県側の玄蕃尾城のすそ野に刀根（敦賀市刀根）という集落がある。戸数は50戸の山里の村で住民は林業を営む。刀根では氣比神宮の秋祭りに住民総出でもちつきをするが、ここでもちつき歌が歌われた。

〈天気よければ玄蕃尾様の　城の太鼓の音がする　霞はれてくれ　わしらの主の　玄蕃尾様　山見えぬ〉

玄蕃とは勝家の猛将の佐久間盛政が「玄蕃允」と呼ばれたので、そこに由来する。この歌は４００年間歌い継がれてきたため、地元では玄蕃尾城と呼ぶ。以後この名前で県の指定史跡になり、１９９９年に国指定史跡になるときも玄蕃尾城の名前が使われた。

戦後は、城の伝承はあったが、雑木林に覆われてどこにあるのかもはっきりしなかった。木と木の間に笹薮や野ばらがあって城跡を歩くことも困難だった。一方城のツゲの木の下に金銀財宝があるという伝説も残っていたという。

元敦賀市文化財担当の川村俊彦は言う。

「山城の存在は刀根に言い伝えられてきましたが、地元の人たちは、山を見るとどうも変わった地形だ。頂上が急に平坦な地形になっている。人工的な手が入っているのではと感じていたようです。滋賀県の余呉のほうでも山に砦があったらしいと伝承がありました」

城を明らかにしようとする動きが生まれたのは、1956年である。「刀根郷土歴史研究会」が作られ、若い人々を中心に、地元の東愛発小学校（現在廃校）に赴任したばかりの郷土史家、橋詰久幸を講師に招いて、毎晩寺に集まって郷土の歴史を勉強するようになった。若者たちは熱心で、一度城跡を調査することになり、橋詰を先頭に若者たちが城跡に登った。城の全体の姿を知るために、実地を踏査して明らかにするという目的があった。

城跡に登ってみると炭焼きの窯があった。背丈ほどの笹に覆われて、見通しも効かず、全体を歩いて回ったという。実際に城跡を見て、橋詰は「これは間違いなく城だ。勝家の内中尾山の城とはこのことだ」と指摘した。この調査がこの地に城があったことを裏付けるきっかけになった。

これを機に刀根郷土歴史研究会が城跡に案内看板を立て、合戦で亡くなった武将の霊を弔うために墓標を立てた。道も整備して、城の存在をアピールしていった。橋詰は滋賀県余湖町の古老を訪ねて城にまつわる伝承を集め、山城にどうやって水を導くことができたかなど疑問に思うことを調べた。1975年頃に朝倉氏史跡研究所（現・朝倉氏歴史資料館）が福井県内の主だった山城の踏査を始めた。そのときに玄蕃尾城の踏査も行った。このとき橋詰の調査を参考にして、この地が城であると確定した。その後測量調査も行ったが、城は雑木林の中にあり、全貌を目で見ることは困難だった。

1988年に敦賀市で城跡の整備を行うことになり、森林組合に業務委託して伐採したが、このとき城が全貌を現した。調査に携わった川村俊彦は感銘を受けた。

「全部木を切って最初に城跡を見た時は、凄いと感動しました。非常に城の残りがよかったんです。雑木林があったときは、視界も悪く堀や土塁の一部を無理やりかき分けて測量していましたが、伐採すると一目で城のすべての姿が見えました」

すぐさま話題になり、すぐにプレス発表を行った。マスコミにもわかってもらえるように、本丸の土塁の頂点から堀の底までテープを張って、深さが分かるようにした。土塁の高さは2メートルだが、堀底から高さを測ると8メートルにも達するほどだった。

城には南北に6つの郭があり、城の外郭に張り出して、城の外衛とする構築物の「張り出し郭」が東西にあった。山城などで高低差があるとき、尾根に沿って階段状に設られる細長い郭で主要な郭を守る「腰郭」などは、東西150メートル、南北250メートルの広さがあった。6つの郭は高い土塁に囲まれ、主要な郭は堀と土塁で二重に防御されていた。南の大手口からは道がいくつも屈曲して攻めにくく、縄張りにも工夫が凝らされていた。これらの機構が、その場で見られるのだから、凄い城と言わなければならない。

城の主郭は、一辺が45メートルの方形で、周囲は高い土塁と堀に囲まれ、北東に櫓台がある。南北にある虎口はともに喰い違いである。城の東には北国街道（現在の国道365号線）が走り、交通の要衝でもあった。

柴田勝家は清須会議で、養子勝豊を長浜城主にし、畿内進出の足掛かりを掴む。しかし勝家の居城の北ノ庄城から長浜城は離れすぎているので、その間に繋ぎの城として玄蕃尾城が築かれたようだ。やがて勝家と秀吉は雌雄を決することになる。

賤ケ岳合戦の本陣

賤ケ岳の合戦では、秀吉の軍勢は琵琶湖の北東に9つの砦を構え、柴田勝家の軍勢は玄蕃尾城をもっとも後方に置き、9つの砦を用意した。勝家は玄蕃尾城に入り、本陣とした。

天正11年（1583）3月12日に柴田勝家が佐久間盛政、前田利家らと3万の軍勢で近江柳ケ瀬に布陣した。

秀吉は3月19日に約5万の兵力で、木ノ本に布陣する。ここから双方は盛んに砦や陣城を築く。戦いが始まったのは4月19日で、柴田勝家が佐久間盛政に命じて、余呉湖東の秀吉方の大岩砦を攻撃させたのが発端だった。盛政がここを落とし、岩崎山砦も落とす。

盛政はかなり前方まで攻め入ったので、勝家は撤退命令を出すが、盛政は従わなかった。そのため前線が伸び切り、賤ケ岳付近で盛政は丹羽長秀の軍に破れ、秀吉軍は盛り返した。

さらに勝家は味方の前田利家の裏切りにもあって、秀吉軍は佐久間盛政を撃破、勝家隊は総崩れとなって玄蕃尾城を棄てて越前の北ノ庄城に戻った。秀吉が玄蕃尾城へ向かうと、勝家軍は逃げ去った後だった。勝家は北ノ庄城で秀吉軍に囲まれ、夫人のお市の方とともに自刃した。このとき茶々（後の淀君）らお市の3人の娘は、落城前に城を脱出している。

玄蕃尾城は、戦いの舞台にならなかったため、壊されずにそのまま残った。その後、この地に雑木林が生え、城址一帯が長く区有林（後刀根生産森林組合）だったために、人の手が入らずそのまま保存された。また住民の多くは炭焼きでも生計を立てており、山とともに生きる知恵を体得していた。住民たちは山を大事にし開発せず、今に至った。こうして遺構が守られた。また刀根地区では多くの伝統行事が続いており、文化への関心が高い点も城を大事にする意識の土台になった。人々は「城は地区の誇り、末永く守っていきたい」という思いを強く持っていた。

天正時代の城の良好な保存状態が決め手となり、玄蕃尾城は国の文化財保護審議会で答申され、国の指定史跡になることが決まった。

玄蕃尾城が正式に国指定史跡になったとき、地元の人たちを中心とする「玄蕃尾城跡保存会」（会長平川幹夫）が作られた。現在会員は40名ほどで、会発足時から敦賀市の文化財専門職員の川村俊彦が講師として指導を行っている。とくに会が力を入れているのが、草刈りである。この作業は、地味ではあるが、遺跡にとって基礎的で大事な作業である。しかし労力のかかる辛い作業でもあり、そのうえ業者委託すれば莫大な費用がかかる。ゆえに地元の協力が不可欠であり、そのためには地元から史跡への理解を得ることが大事になる。川村は保存整備の方針について語る。

「ポリシーはなるべく手をかけない、いじらないところから出発していますので、草刈りだけはしっかりやるという方針です。少ない予算ですが、幸い土塁など遺構の残りがよいので、草刈りをしっかりやれば見に来る人もすぐに城の構造がわかってもらえると思います」

草刈りの実働部隊は、「玄蕃尾城保存会」で、年に3回行う。ボランティアの人々も加えて、登山道で痛んでいる箇所や、がけ崩れ、現地の簡易トイレの整備、林道に落ちた石の除去などを行う。大事な点は、保存会だけではなく、地元の人たちに助けてもらいながら、行政とも連携し一体となってやっている点である。会長の平川幹夫の人柄による貢献も大きく、平川に地域の人々をまとめる求心力があるため広く賛同を得られている（会は2018年に敦賀市教育委員会による教育功労賞を受賞）。

全国の山城研究者が訪れた際に、彼らが異口同音に「これは山城整備の理想的な姿だ。ごちゃごちゃ手を入れていない、当時の遺構が良くわかる」と評価してくれるのも住民は嬉しく感じる。

城跡には簡易ポストを作り、見学ノート、パンフレットも常備している。見学簿には、1年間でゆうに1000を超える人が訪れた記録も残る。山城ブームで来る人ばかりでなく、史跡の保存の在り方に関心を持って、やって来る人もいる。見学ノートには来場者の感想も書き込まれている。

〈「美しい城跡」とみなさんが言われる通り、納得です。当時の様子がイメージできてワクワクしました。整備されている皆さん　ありがとうございます〉

〈初めて来ました。城郭がはっきり残っており感動しました。空気ひんやり気持ち良かった～〉

城跡のある刀根集落は、過疎に向かっている。住民の高齢化も進み、若い世代は市街地に移り、人口減は避けられない。そんな状況でも、集落の人々は玄蕃尾城や文化財の整備に積極的に関わり、伝統行事を守ってくれている。

玄蕃尾城には、復元された建物はない。川村俊彦は見学会、勉強会でこう話す。

「想像することが大事ですね。皆さん、ここに土塁がありますから、頭の中で塀を立ててみてください。本丸の隅に櫓台があります。ここには礎石が残っています。この上に柱が建ちます。では頭の中で櫓を建ててみましょうと話します。櫓の形は正確には分かりませんから、実際に建てたら嘘の建物を作ることになります。でも頭の中で建てる分には、間違ったら想像の中で建て直すことができますからね」

城にはいろいろと手を入れず、当時の姿を今に伝えることも、多くの人に感銘を与える。それは何もない城跡から往時を想像してゆく喜びに繋がっていく。

城跡をそのままの姿で未来へ残すことも、活用であることを玄蕃尾城跡は教えてくれる。

3　山城をどう活かすか　天空の城「竹田城」

▲アクセス　兵庫県朝来市和田山町竹田古城山169番地　JR竹田駅下車　徒歩40分

石垣の華麗な美しさ

山城ブームの牽引となったのが竹田城（1943年に国史跡指定）である。標高353メートルの古城山の山頂にあり、本丸から尾根筋にかけて3つの方向に曲輪が作られている。面積は南北に約400メートル、東西に約100メートルと広い。曲輪のすべてに石垣が使われ、山頂一帯に広がる石垣には目を奪われる。アンデス山麓の標高2430メートルの山に築かれたインカ帝国のマチュピチュ遺跡に似て、「東洋のマチュピチュ」とも呼ばれる。

古城山が他の山と地続きでなく、独立単体の山という点も、竹田城の存在感をいっそう際立たせている。雲海によって古城山が覆われ、雲の上に石垣が浮き出る光景が見られるときもあり、「天空の城」とも呼ばれる。

竹田城の構造は、本丸を中心に尾根筋を活かして3方向に延びた縄張りになっている。北西側に花屋敷曲輪が、東には二の丸、三の丸と続き、先端に北千畳曲輪が広がる。花屋敷曲輪は、本丸よりも約20メートル低く、城の裏口を守る役目を果たす。

西側には、南二の丸の先に南千畳曲輪が存在する。本丸中央には天守台石垣がある。東西12・7メートル、南北10・6メートルで、高さは10・6メートル。6つの礎石がある。

本丸の周囲は帯曲輪で守られ、二重の防御がなされる。

竹田城は嘉吉3年（1443）頃に但馬の守護大名山名宗全が、配下の太田垣氏に命じ城を築かせたのが始まりで、その後大田垣氏が城主になった。播磨国との国境を守る役割を持っていたが、天正8年（1580）に羽柴秀吉に攻められ落城、天正13年（1585）から赤松広秀が2万石で城主となった。今ある竹田城の姿は、赤松時代に築かれたものだ。

この城の注目すべき点は、赤松広秀の2度にわたる朝鮮出兵の経験が城作りに反映されているところである。

竹田城

山城と山麓の城館を一体化して防御する巨大な竪堀も見られる。

北千畳の北東の尾根から城下町へ下る長さ約150メートルの竪堀、南千畳の南東からは長さ約250メートルの竪堀が見られる。瓦には高麗瓦も見られる。

石垣は野面積から打ち込み接に移行する期間で、近江の石工集団の穴太衆が作った。『近畿の名城を歩く』では、今の竹田城跡の姿が作られた時期についてこう書かれてある。

〈現在の石垣をもつ竹田城の築城は、倭城よりさらに進んだ平面構成をしていることから慶長三年から五年と考えている。時期的にみて、関ヶ原の合戦に備えて豊臣政権が、大坂城を守る支城群の一つとして整備したものであろう。〉（仁木宏・福島克彦編『近畿の名城を歩く　大阪・兵庫・和歌山編』谷本進「竹田城」)

竹田城は山陰、山陽の押さえの役割を担ったのである。

〈この結果、蔚山籠城戦の経験を活かした豊臣期最高水準の城郭技術を備えた竹田城が作られたと考えている。〉(谷本進「竹田城」)

竹田城の魅力はここに尽きている。

映画などの影響で観光地に

竹田城は、以前から城郭愛好者に人気のある城で年間に2万人ほどが訪れていた。そこから一斉に観光客が訪れるようになったのは、2012年に上映された高倉健主演の「あなたへ」(監督・降旗康男)のロケ地になったことからである。

この映画は出演した高倉健、大滝秀治の遺作でもあり、作品はモントリオール世界映画祭、日本アカデミー賞などで受賞し、国内外で高い評価を受けた。

その後テレビでも雲に囲まれた幻想的な城の光景が紹介されたことから登城者は増え、2013年は50万人を超えた。竹田城は史跡なので、以前は警備員を配置していなかったが、来場者の安全のため用意するほど盛況となった。

ただ予想以上の登城者のために、転落事故も起きた。道では土砂が流出し、史跡の痛みも目立つようになった。朝来市は登城のルール作りを考えなければならなくなったのである。2014年からは柵を設け、見学順路を決めて、安全に見てもらう方法をとっている。

朝来市も竹田城を取り巻く変化に対応し、保存・活用の見直しを始め、1977年の『竹田城跡保存管理計画書』を見直し、『史跡竹田城跡保存活用計画』を2015年に作成した。2018年には、『史跡竹田城跡整備基本計画』も作成し、史跡保護と適切な環境整備を図ることになった。

市は整備基本計画に基づき、冬季期間は城を閉山し、その間に城跡の整備、保存状態の確認調査を行う（積雪、路面凍結による危険から来場者を守る目的もある）。冬に文化財担当者は調査を行うが、寒さも厳しく、雪も降る中での調査になるという。整備も整えば、また冬季も開山する予定だという。

朝来市の文化財担当者は、竹田城の活用について述べる。

「今までは竹田城跡は、雲海、秘境とかで注目されましたが、今後は石垣や文化財としての本質的な価値、そちらもアピールもしていきたいですね。魅力を感じるのはやはり穴太積みの石垣ですね。安土城でも見られるその石垣が山城のとても高い場所にあるという貴重さを伝えたいですね」

竹田城主の赤松広秀は、関ヶ原の合戦では西軍につき、敗戦後家康に降伏した。その後は東軍として、西軍の宮部氏の鳥取城を攻めたが、城下を焼くなど、行き過ぎた攻撃が家康の逆鱗に触れ、自刃を命じられ、竹田城は廃城となった。

城の知名度のわりには、城主赤松広秀の存在は知られてないが、養蚕を奨励し、地域の主要な産業になった。広秀没した後、元文3年（1738）にこの地で大飢饉が起こったが、養蚕によって村は危機を乗り越えた。また広秀は儒学者藤原惺窩《せいか》から漢文も学んでいる。朝鮮出兵では、捕虜となった朝鮮の高官の姜沆《かんはん》と交流を持った。彼は広秀のことを、日本の将官は皆盗賊だが、広秀だけは人間らしい心を持っていると著作に書いている。

竹田城観光交流課も、観光面で竹田城跡は拠点であり、そこから歴史の町並や立雲峡《りつうんきょう》など地域一帯に興味を持ってもらうことを願っている。城下町や城主赤松広秀を知ることで、彼が精魂を尽くして築城した竹田城も多方面から見ることも可能だ。石垣を始めとした城そのものの理解が深まることで、城本来の活用の姿も見えてくるに違いない。

4　地域の力で活性化の「美濃金山城」

▲アクセス　岐阜県可児市兼山　名鉄明智駅からYAOバス「元兼山町役場前」で下車、徒歩15分

生々しい破城痕跡

地域と行政が一体になって山城の保存と活用に取り組んでいる事例もある。その一つが美濃金山城である。本丸は標高276メートルの古城山頂にあり、山の下から出丸、三の丸、二の丸、主郭の下には西腰曲輪、南腰曲輪、東腰曲輪、桝形虎口も設けられている。それぞれの曲輪には野面積の石垣が部分的に張り巡らされている。

城からは太田盆地を一望できる。城の麓を木曽川中流が流れ、南側には中山道があり交通の要衝でもある。天文6年（1537）斎藤妙春が烏峰城《うほうじょう》を作ったのが始まりである。

その後織田信長が美濃攻略に力を入れると、永禄8年（1565）に信長家臣の森可成《よしなり》が城主となった。そのとき金山城と改称された。信長の家臣の森乱丸（蘭丸）は可成の三男である。可成が戦死した後は次男の長可が城主となる。長可は秀吉に仕えたが、天正12年（1584）小牧長久手の戦いで戦死、弟の忠政が金山城主となる。このとき羽柴秀吉の桐文瓦の使用を許された。その後石川貞清が城主となったが、関ヶ原で西軍についたため改易され、犬山城主小笠原吉次によって城は破城された（石川貞清の時とする説もある）。建物は解体され、犬山城（愛知県犬山市）の改修に再利用される。

天正12年（1584）に森忠政が城主になるが、この時に天守相当の建物があったと推定され、主郭御殿や櫓などもあったと言われている。

この城も玄蕃尾城のように当時の姿がよく保存されている。保存状態がよいのは、江戸時代に金山村が尾張藩になり、城跡は藩の留山となって村人の入山が禁止されたためである。明治時代には旧皇室典範にある皇室世襲財産の世伝林になったので、民間に払い下げられなかった。従って約400年にわたりほとんど手つかずで残された。戦後になって兼山町に払い下げられ、町史跡、県史跡となった。2006年から5年間発掘調査が行われ、2013年に国史跡に指定された。

この城の特徴は、織田信長、豊臣秀吉の時代の「織豊系城郭」の特徴を有している点だ。特に代表的なのは石垣、瓦、建物を支える礎石である。削られた岩盤や、破城の様子も伝えている。

削られた岩盤・三の丸（松田篤氏提供）

破城の痕跡・二の丸両面石垣。天端の石を落としている（松田篤氏提供）

城には天端（石垣の一番上の石）や隅石が落とされた石垣が見られ、破城の痕跡を伝えている。さらに曲輪を歩けば方々に破城された石垣の石が転がっており、その多さから生々しい城の破壊が伝わって来る。また主郭の4方向は石垣に囲まれていたが、遠方から見える北側部分の石垣が重点的に壊されるなど、破城を城下町など周囲にアピールしている点も興味深い。

もう一つは岩盤を削った跡が見られる点である。三の丸の曲輪の中に垂直に削られた岩盤がある。山が岩山のため、岩盤を削って石垣の石に使うなど、岩盤を加工して自然の壁として石垣に代用した土木技術を見ることができる。

国指定の後に、地域のボランティア団体「美濃金山城おまもりたい」が整備ボランティア活動に尽力し、城が良好な状態で残されている。発掘調査は近年も行われ、可児市が令和元年から８次、９次調査を行った。

地域と行政が一体で整備・活用

可児市は山城が多くあり、土田《どた》城跡、大森城跡、吹ケ洞砦跡《ふきがはらとりであと》、室原城跡、塩河《しゅうが》城跡、今城跡、明智城跡、羽崎城跡、久々利城跡などがある。その中で地元民の城跡への興味は高く、また市からの働き掛けもあり、「美濃金山城おまもりたい」「久々利城跡城守隊」「今城址を整備する会」などの有志の団体ができた。３団体はそれぞれメンバー構成なども異なるが、根底にあるのは自分たちの近くにある城を守りたいという思いである。清掃作業、他の城跡の視察研究、グッズ製作などを行っている。

これが２０１６年に「可児市山城連絡協議会」として３団体をまとめる会ができた。「国史跡美濃金山城跡整備基本計画」でも、市民と一体になって、城跡の整備を行い、市民として誇れるような城跡にするための計画を謳っている。その中で「美濃金山城おまもりたい」も役割を担う組織として明記されている。行政にも可児市山城連絡協議会から、こんなイベント、整備をやりたいと相談を受け、官民一体となって動いている。

可児市スポーツ文化部文化財課長の川合俊（当時）は語る。

「可児市山城連絡協議会には、市の文化財担当や観光担当も参加します。同時に行政の組織内でも文化財と観光が連携しています。観光の提案に対して文化財担当課と意見が分かれることもありますが、文化財保護の立場でこれは駄目だとはっきり言います。情報共有を心掛け、文化財は保護や整備を、観光は史跡をアピールする棲み分けができています」

とくに市としては、来場者に破城の姿を多くの人に知ってもらえたらと考える。破城の状況だけでなく、破城の意味も伝えてゆきたい。

「美濃金山城おまもりたい」は城跡整備、観光客へのガイド、歩道のパトロールなどを行っている。2018年、2019年には登城路、斜面の草刈り、落ち葉除去、枝払いを年十数回、登城路の階段擬木の補修なども行った。また地元の小学校では授業の一環として「兼山学」という郷土学習の講座が行われ、児童たちも城を訪れる。この支援も行うのが「おまもりたい」の務めでもある。

さらに来場者へのガイドも行う。総勢44名のガイドが分担して、城を歩く人に説明を行う。2019年には城跡への来場者は前年比7割増で、514名が訪れたという。地域の人々や城ファンに金山城の存在が知られるきっかけになったのが、やはり2006年からの発掘調査であった。それまで地域には城跡があったという程度の認識しかなかったが、発掘成果に人々は瞠目させられた。

美濃金山城は1967年に県指定史跡になるが、その前年に主郭部分の調査が行われている。礎石や瓦の破片、瀬戸美濃産の陶器片などが出土し、礎石の検出により南側の張り出し部分が櫓、中央が御殿、さらに天守の存在があったと推定されていた。

大きかった発掘の成果

２００６年からの発掘調査の概要である。

２００６年（１次）……主郭で建物跡６棟確認。建物跡の南側から雨だれの排水施設が確認。虎口の構造が明らかになった。主郭を含むすべての斜面で石垣が使われていた。

２００７年（２次）……主郭を取り囲む南、東、西の腰曲輪、桝形虎口の構造が明らかになった。

２００８年（３次）……二の丸全体で建物跡と思われる礎石が確認された。南側に石垣が検出された。三の丸北曲輪で建物跡が見つかった。

２００９年（４次）……城のある古城山北側の麓の伝米蔵跡の調査（金山城時代の遺構は検出されず）。伝米蔵跡にある壮大な北側石垣の全容が明らかになる。城を登る登城道とも想定され、家臣の屋敷があったと推定された。

２０１０年（５次）……東部曲輪、伝左近屋敷、三の丸、出丸で礎石が検出され、建物の存在が確認。三の丸水の手部分に虎口があり、登城路として使用された可能性がある。

２０１７年、２０１８年、２０１９年にも第６次から第９次までの調査が行われた。このときは、天守が想定される部分の調査などが行われ、内側に石垣が見られ、その高さから穴蔵構造ではなく、半地下構造の瓦葺建物であったことが判明した（礎石、柱穴は検出されなかったので、建物構造は把握できず）。御殿部分には礎石が確認された。

これらの調査結果から、多くの人たちが城跡に関心を持つようになった。可児市でも何度も市民向け講座を開き、講師に文化庁の調査官を呼んだ。全国的にも価値のある城であると講師に話してもらうと地元の人たちの目の色が輝いた。

可児市と兼山町が合併したころ（２００５年）から、この城が国指定史跡になる動きが始まった。地元で有志10人ほどが、城の整備を始めると、やがて人数も数十人に増えていった。そして２０１３年に美濃金山城は国指定史跡になった。

「可児市山城連絡協議会」「美濃金山城おまもりたい」の丹波隆政会長は語る。

「山城ブームも起きまして、全国からお客さんが沢山来られると、城を見せることにも配慮が必要だと思ったんです。草茫々ではいけないと。私たちも山城サミットなどに行って、他の城の整備の在り方を学んできました。凄いな、きれいになっているなと驚きました。米原市の鎌刃城も見ました。また城の歴史も皆に知ってもらおう、お客さんたちが来たら説明できるようにと自分たちも学習しました」

城跡の国指定を機に、協議会は団体として本腰を入れて立ち上げられた。行政の側もお寺のお堂などで城の講座、発掘説明会を開いている。平成20年代以前は地元の男性が多かったが、国指定以降は全国から人々が城に来るようになった。

歴女と呼ばれる人々は、城主の森長可の豪勇に惹かれることが多い。「鬼武蔵と呼ばれながらも、やさしい心の持ち主」という人間性も魅力なのだろう。近年丹波会長が感じるのは、天守があるのがお城というイメージはなくなり、土塁や堀、石垣がとても好きだという天守以外の土木技術に関心のある人が増えていることである。

川合は語る。

「お城の本質を見て、城が好きだという人が増えてきつつあるのでしょうね」

金山城はそんな人たちを惹きつけてやまない魅力をもつ。

２０１９年11月9日（土）、10日（日）に第26回「全国山城サミット」が可児市で行われた。全国山城サミットは、地域の貴重な歴史遺産である山城の保存や活用を進めている市町村や関係団体が、情報交換とともに親睦と交流を深め、地域の活性化、豊かなまちづくりを進めていくことを目的としている。第1回は１９９４年に兵庫県竹田城のある和田山町（現朝来市）で行われた。

〈この大切な遺産を未来へと継承していく過程で、次世代の若者や子どもたちが郷土の歴史と文化を知り、誇りを持てるよう、私たちは力を尽くさねばなりません〉

（「第26回　全国山城サミット宣言」『同　可児大会資料集』）

可児大会のプログラムには、基調講演「可児の山城～その魅力発信」（滋賀県立大学教授　中井均）、郷土芸能に宮太鼓演奏会、トークイベント「山城最前線２０１９～我ラ、イ可児ヤマジロ愉スムベキカ」、大河ドラマ真田丸の制作統括担当者による講演「歴史の行間で物語を創る～大河ドラマの楽しみ方～」などがあり、可児市の山城めぐりも行われた。

このサミットには全国から2万３０００人が集まった。

丹波会長は、山城の魅力を語る。

「天守の無い城ですが、その魅力は想像できることだと私は思います。どんな建物か、この城をどう攻めようかなど考えながら城に登ることができます。城は存在するより、想像するほうが面白いじゃないですか。山城に来る人はそういう思いで行かれると思います」

全国山城サミットは、どこも天守のない城ばかりである。想像する魅力に惹かれて、地元の城が地域の人々に勇気を与える。

5　伐採という最高の整備の「月山富田城」

▲アクセス　島根県安来市広瀬町富田
ＪＲ安来駅からイエローバス（観光ループ）「月山入口」下車徒歩約１分

山城から石垣の城へ　歴史を辿れる城

山城の整備で重視されるのは樹木や雑草の伐採である。登城道の草刈りや曲輪の雑草をきれいにすることで、登城も可能になり城の全貌も明らかになる。

とくに草刈りは大変な労力を必要とする。雑草は、気が付くとすぐに伸びてしまう。いつしか担当者の作業では手が付けられない状態になる。業者委託すれば高額な費用がかかる。そのため定期的な草刈りを行うことが大切なのである。作業ではマンパワーとして、地元の人たちの理解と協力が必要になる。

そのためには史跡は地域から乖離してはいけない。つねに身近な存在として意識してもらうためには、人々から親しまれる史跡でなければならない。

月山富田城は、標高１８９メートルの月山に築かれた巨大な山城である。15世紀後半に出雲国守護の京極氏の守護代としてこの地に入った尼子氏が作ったのが始まりのようだ。尼子氏はやがて京極氏から独立し、１５５０年代には山陰、山陽など８ケ国の守護となる。尼子時代の城は、石垣は使われず、山頂部を中心とし、本丸に櫓のような建物があったらしい。広大だったが、山頂部の北側は今も山林に囲まれ、曲輪などはいまだに不明である。

月山富田城。背後にある山の頂が主郭。

後の城主である吉川広家は、月山の中腹の山中御殿に城主の館を築き、この場所が城の中心の郭となった。この曲輪は上御殿部分がまず作られ、下御殿部分が作られ拡張された。前者から大型の掘立柱建物跡3棟、後者からも掘立柱建物跡が見つかっている。

山中御殿への登り口は菅谷口、御子守口、塩谷口があるが、すべてが山中御殿で合流する。この御殿への侵入を阻むために曲輪の東側に大土塁と呼ばれる全長約130メートル、最大幅約20メートルの城内最大の土塁が築かれている。

この背後に月山の尾根が続き、山中御殿から見上げると大きな尾根が聳えている。そこに頂上から本丸、二ノ丸、三ノ丸が置かれ、二ノ丸から本丸へ行く途中に大きな堀切がある。三ノ丸も中央付近で南北に分断する幅4・2メートルの堀切（尼子時代）が発掘で見つかった。おそらく山中御殿の詰めの城の役割を果たしていたのだろう。尼子時代は、吉川時代と違って山頂の城を中心としていたようだ。

尼子氏は永禄9年（1566）に毛利に破れ、天正19年（1591）には毛利家の家臣吉川広家が城主となる。彼が山頂から城の中心を山中御殿に移したことは前述したとおりだが、このとき野面積の石垣、瓦葺の建物、礎石建の建物が作られたと思われる。

その後、関ヶ原の合戦で西軍についた毛利家は転封され、慶長5年（1600）に堀尾吉晴、忠之が城に入る。堀尾氏は慶長16年（1611）に松江城を作り、本拠を移し、富田城は松江城の支城となったが、元和元年（1615）の一国一城令の後に廃城となった。

戦国大名の山城から近世期の石垣を持った城郭への変遷が辿れる城が、月山富田城である。城の本拠が山頂から中腹部の広い場所に移った点からも、城が戦うため場から、政治を司るための場に変わった流れも見ることができる。

安来市文化財課の水口晶郎はこの城の特徴を語る。

「まずは中世から近世にかけての、土の城から石の城への変遷がわかる城だということです。尼子氏の時代は、掘立柱で、切岸、堀切で守る自然地形を生かした土の城でした。最大の特徴は、大内、毛利と名だたる戦国大名が攻めてきて、この城で二度も戦っていることです。全国の城の中でも実際に戦闘があったという記録があるのはほんの少数ですね」

二度の戦いとは、尼子晴久が天文12年（1543）に大内義隆の大軍に攻められ撃退したことと、永禄8年（1565）に尼子氏が毛利氏に攻められ降伏したことをさしている。

苦心した整備

月山富田城は、1934年に史跡になったが、樹木に覆われて城の全貌は良く分からなかった。本格的な整備が始まったのは2000年代に入って山城ブームが起こってからである。安来市では2015年から約7年かけて城の整備を行った。予算は約5億円。

城の姿を知るためには樹木の伐採は不可欠である。だが城のある場所は島根県の自然公園に指定されており、鳥の繁殖期を避けて木を切らなければならない。また自然保護団体に樹木を伐採することへの理解も取らなければならなかった。

伐採の効果はてきめんだった。樹木に埋もれていた城が姿を現したのである。市の広報誌「やすぎ」（2016年11月号）は第一期工事の結果を記す。

〈これまで木々に埋もれて確認が難しかった三ノ丸から本丸にかけての防御施設の様子がよく分かります。西に突き出したように築かれた「西袖ケ平」、七曲り付近に設けられた曲輪群など、難攻不落の城の一端を垣間見ることができます。今回の整備事業によって、戦うために築城された富田城を体感することができます。〉

第二期工事では城の麓の曲輪の整備、千畳平の石垣の補修、木の伐採、標高50メートルの「馬《うま》乗馬場《のりばば》」の整備が行われた。馬の調練所の細長い曲輪で、2018年に草木に隠れた平坦な面（長さ約120メートル、幅10～20メートル）や曲輪北半分に築かれた石垣が姿を現した。石垣は野面積で、文禄慶長期、吉川広家時代のものと思われている。

「馬乗馬場」は、城下町に面し、尼子氏が毛利元就との戦いで、敵とまず対峙する最前線でもある。防御のために長大な構造になっているのが特色である。

これまで雑木や雑草に覆われて、存在すら確認できない曲輪も多かったが、これで城跡の一般公開も可能になった。今は隣にある千畳平までの園路も作られ、散策できるようになっている。尾根筋にある本丸、二ノ丸、三ノ丸へ行くための急な坂道だった七曲りも舗装され、手すりもできた。これで山中御殿から安全に登ることができるようになった。

月山富田城整備を支援する会代表の平原金造は、「広報やすぎ」（2016年11月号）でこう述べている。

〈山頂の木々が伐採され、月山の様子が刻々と変化してきたのを毎日、見ながら当時の山城はこういう姿だったんだという思いを巡らせていました。七曲りも露わになり、険しい斜面であることがよくわかります。実際に登ってみれば、難攻不落の山城であることをより一層、体験することができますね。

今後は、見晴らしの良い山頂に立つことができるというPRをするとともに、案内板や休憩所などの受け入れ体制を整備していく必要があると思います〉

本丸、二ノ丸などの曲輪の姿がよくわかるようになり、三ノ丸に立てば、島根半島や飯梨川の傍に開けた市街地の姿を一望できる。日本海や平野を挟んで聳える、大内軍や毛利軍が布陣した京羅木山《きょうらぎさん》も見ることが出来る。そんな展望は山城の魅力だろう。

城の入り口にある安来市立歴史資料館には、月山富田城の600分の1のスケールのジオラマが展示された。石垣や天守を持つ織豊系城郭と比べ、月山富田城は構造がわかりにくい。しかしジオラマのおかげで自然の特徴を上手く生かし工夫された山城の姿が一目瞭然となった。

安来市立歴史資料館内にある月山富田城のジオラマ（安来市教育委員会提供）

２０１９年には城の整備も進み、約２万１０００人の観光客が、コロナ禍の２０２１年にも約１万７０００人が訪れた。

現在も地元の人たちが城跡の周辺の草刈りだけでなく、史跡ガイド活動など、積極的に城の活用に関わっている。そんな手作りの整備が、じつは史跡の魅力を引き出す最大限の方法であることを、月山富田城の例は教えてくれる。

文化財課の水口晶郎は語る。

「かつては草一杯でマムシが出ると思われ、城に近づく人も少なかったです。今は予算もつき、地元の人たちも一生懸命整備をやっていただききれいになりました。観光客の方もきれいだと言われます。やはり大切なことは、城に魅力がないと人に来てもらえません。私は建物を復元することより、城の魅力をわかりやすく多くの方に伝えていきたいですね」

今も多くの人が月山富田城を訪れる。安来市は今後も城をそのままの形で見せることに重点を置き、城跡の保護と整備を続ける予定である。

第6章　もうひとつの城の見方を探る

1　天守なき城の魅力

観光は歓迎、だが順序は最後

戦後の高度経済成長期、城跡に天守復興ブームが起こった。天守を復興し市や町のシンボルとして城を活用した。天守が戦後の希望の象徴となって、人々に勇気を与えたことは事実である。天守復興ブームに関して言えば行き過ぎた観光政策などで、模擬天守も多く作られた。天守があることで人々に喜ばれるのはよいが、城は文化財であり、社会に正しく歴史を伝えるための文化遺産という前提がまずある。

観光目的が先走りせずに、城が文化遺産として人々に尊重され、その結果地域も活性化されることが望ましい。

とは言え、行き過ぎた観光化のための弊害が報告されている。

2018年10月にあるニュースが九州地方の新聞で報じられた。長崎県南島原市の原城跡は、この年世界遺産登録された「長崎と天草地方の潜伏キリシタン関連遺産」の一つである。その二の丸の一部に砂利を敷いて市が事実上の駐車場を造っていたことが判明された。5月に二の丸約300平方メートルに砂利を敷き、観光客などが利用していたという。市は業者の工事用車両が資材を積み替える場にするために砂利を敷いたというが、実質は遺跡を届け出なしで改変し、傷つけた行為に等しかった。観光客も駐車場と勘違いして車を止めるようになっていた。

文化財保護法では、史跡の土地の形状を変える場合は、文化庁に申請しなければならない。しかし市は手続きを取っていなかった。文化財を保護するという本来の目的が忘れられ、世界遺産レベルの文化財でも、観光が先立ち、保存がなおざりになった結果である。


2019年3月には北九州市の小倉城に「しろテラス」が作られた。小倉城は関ヶ原の後に細川忠興が城主となった由緒のある城だが、豊臣政権下では毛利勝信が城主を務めた。「しろテラス」は急増する海外からの観光客のために休憩所として作られた建物で、市長の肝いりで作られたという。「しろテラス」にはスイーツや抹茶、軽食が取れるお茶屋や土産物販売店がある。インバウンド用に小倉城の改装も行われ、これらの費用を含めるとかかった金額は10億円（「しろテラス」単独の費用は不明）になるという。

テラスのある場所は、本丸に入る大手門前の巨大な曲輪があったところである。長さ160メートルの石垣が一望できる絶好の広場であり、先年はここで流鏑馬行事も行われたことがある。

テラスが作られる前に、曲輪の発掘調査が実施された。ここで江戸時代以前の巨大な土堀が発見され、織田信長や豊臣秀吉系列の城に使われた金箔瓦が出土した。豊臣政権下の城主毛利勝信の時期の遺構である。毛利氏は関ヶ原の戦で西軍につき、改易されている。

佐藤浩司（取材当時、北九州市芸術文化振興財団埋蔵文化財調査室長）は語る。

「調査の結果、とてつもない発見があったわけです。毛利時代の土の堀を完全に埋めて、細川氏は石垣を築いていました。ふつうは土塀を活かして石垣を築きますが、石垣の方向も変えています。これは毛利氏の権力の象徴を完全に抹消する細川氏の理念を感じました。大坂城も豊臣時代の痕跡を消すために、徳川氏がその上を石垣で完全に覆いつくしましたが、それと同じです」

　時の権力者の交代にともなう、城作りの生々しい現実を見ることのできる貴重な遺跡である。だがこの発掘現場は、完全に埋められて、その上にテラスが作られた。

テラスによって石垣全体を見ることも叶わなくなった。喫茶室の窓から石垣は見えるが一部分だけで、全体を通してみることはできない。

　それ以前に小倉城は小倉藩の本城（藩主のいる城）でありながら、文化財指定を受けていない。全国の本城で文化財の指定を受けていないのは、小倉城だけである。これは城の保護、整備の上でも極めて珍しいケースで、まずなすべきことは文化財指定を受けるべきではなかったか。文化財指定を受けることで、城は文化財保護法のもとで保存、整備が進み、城を後世に残すことができるからである。石垣の景観を見る最高の場所が失われてしまったのは何とも残念である。

　２０２１年１月には国の重要文化財に指定された高知城天守、本丸御殿などの壁や柱の27カ所（うち4つの重要文化財に計24カ所）に、尖ったもので彫ったひっかき傷が見つかったことが報告された。同様の傷は国の重要文化財の松山城天守や門でも計17カ所あったと報告されている。長さは10センチから20センチ、名字のような文字もあった。これ以前に２０２０年にも筒井門で「ＡＮＨ　ＴＡＩ　Ｌｙ」と書かれた傷が見つかっていた。

　同様の傷が岡山城の天守や国の重要文化財である月見櫓、福山城でも国の重要文化財の筋鉄御門《すじがねごもん》、鐘《かね》櫓で報告されている。容疑者は同一人物と思われ、逮捕された（容疑は否認）。

2023年3月には福山城の月見櫓の石垣に男性2人がボルタリングし称して登り、インスタグラムに投稿するという出来事があった。石垣の破損が懸念されたが、大事なことは文化財の大切さを地域で共有することができていたのかという疑問である。そこには文化財のある地域に住む一人一人が認識すべきことでもある。そこから文化財を保存・整備する心が生まれる。

城以外でも国宝や国の重要文化財、都道府県指定の文化財である美術工芸品がこれまで115件盗難を受けていることが報告された。朝日新聞の報告（2018年8月15日付）によれば内訳は、国宝1件、重要文化財77件で、1950年の文化財保護法制定前に8件、制定以後に70件、平成に入ってからも年に1回のペースで盗まれていたという。都道府県指定のものも平成以降で27件もあった。盗難が届けられたものは115件あるが、58件（うち重文28件）は今も行方不明だという。これらを古物商が大手オークションに出品したり、仏像などが彼らの間で転売されているケースもある。

2010年には和歌山県で仏像172体が盗難に遭う事件が発生した（容疑者は逮捕され、古物商に持ち込んでいたことが判明）。そのうち43点は所蔵者不明で和歌山県立博物館に保管されることとなった。これらの盗難事件が問いかけているのは、盗難は私たちにとっても対岸の火事ではなく、地域の文化財を守ることに私たちも関わる必要があるという点である。それは城の保護でも同様である。

和歌山市県立博物館主任学芸員の大河内智之は述べる。

〈地域に伝えられてきた仏像や文化財を失うことは、歴史を失うことと同義である。これらを守るために何より大切なのは、人々が身近に残されてきた仏像や文化財を知り、魅力に気づき、関心を持つことである。無関心のままでは、盗まれても、壊れていても気がつかない。いかなるものが伝えられ

てきたのかに興味を持って初めて、どのようにして残していくかを当事者として意識することになる。〉

（「仏像盗難被害の現状と対策」「文化遺産の世界」２０２０年2月17日公開）

大河内は当事者という意識を持つことで、みんな＝公共で支え合いながら文化財を守り、これからのあり方に考えることが大切だとも述べている。

そこで地域が文化財に関心を持って、行政とともに活動している自治体にも触れてみたい。

2　地域とともにある活用を

奈良県郊外の小さな自治体の取り組み

２０２１年にはコロナ禍の中で東京オリンピックが開催された。このとき国は、海外から来た観光客に日本文化を発信することに力を入れていたが、コロナ禍で移動もままならず、文化観光を十分に活かすことはできなかった。

畿内のある文化財担当者は言う。

「あのときは有名な神社やお寺にお金を落としてもらったらいいという論理でした。そこに出てくるのは国宝とか特別史跡とか、日本文化を語るときに最初に出てくる教科書的な史跡ばかりです。儲かるのはお寺や神社であって、自治体には何のお金も入りません」

ここにインバウンド向けに文化財を観光に利用することの本質がある。文化財には一般には名が知られていないが、地域の文化や歴史に根差した、地元にとって無くてはならないものも多くある。一律に文化財と言ってもその価値のありようはさまざまな形で存在する。

本来あるべき文化財のあり方や活用とは何だろう。このとき文化財保存全国協議会の存在（文全協）が浮かんだ。文全協のホームページには、〈この日本に残されている豊かな文化財を守り、正しく活用して後世に伝えてゆくことを目的とする会です。〉と書かれている。

文全協は１９７０年、戦後の高度経済成長などに伴う開発工事で埋蔵文化財が次々と破壊されてゆくなかで、文化財を破壊から守らなければならない切実な社会状況を背景に作られた。現在も文化財保護に積極的に取り組み、会として声明、要望も出し、研究発表会も行う。

２０２２年6月には、日本最古の海上鉄道遺構で、明治日本の近代化を象徴する建造物「高輪築堤跡」の現地保存と第2期工事計画の説明を求める決議を提出している。送付先は内閣総理大臣岸田文雄、国土交通大臣斉藤鉄夫、文部科学大臣末松信介、文化庁長官都倉俊一、東京都知事小池百合子、東日本旅客鉄道代表取締役社長などである。

文全協の常任委員の松田度《わたる》に文化財の望ましい活用について話を聞くことができた。松田は奈良県大淀町の学芸員でもある。大淀町は吉野郡にある町で人口は約1万６０００人、宅地開発で人口も安定していたが近年は人口の減少が続いているという。彼は町でただ一人の文化財専門職員である。松田は語る。

「私は今回の文化財保護法改定の方向性は正しいと思っています。ただ今の行政のやり方、すぐに観光と結び付け、観光に乗ってしまうことは考えた方がいいと思います。文化財は存在し、守ってゆくもので、観光と結びつかないんです。そのために国の補助金がいるという流れでした。それが逆転して国は文化財を活用することに補助金を出すようになってしまいました。では従来の保存のための補助はどこに行ったのかと思います。保存と活用は両輪だと言いますが、まず保存があってこその活用ですから、同時に両輪では動けません。それをごっちゃにしているように思われます」

奈良県には教科書に登場する文化財が多く存在する。東大寺、春日大社のある奈良市、高松塚古墳、石舞台古墳で知られる明日香村、法隆寺のある斑鳩町などはよく知られる。

現在奈良県は、橿原市と桜井市と明日香村の「飛鳥・藤原」を県で4件目の世界文化遺産登録（「飛鳥・藤原の宮都とその関連資産群」）を目指している。

限られた予算の中でどう活用するか

観光の目玉となる史跡のある地域には国も県も予算を投入するが、他の地域にはあまり補助が行かないのが現状である。自治体に観光活用すべき文化財が乏しいと予算は投入されないということである。そのような自治体の文化財担当者は限られた町の予算で、自助努力で保護、活用までしなければならない。

松田は語る。

「大淀町の場合は、国の補助金も貰えませんから、町の各地域に残っている遺産を地域で繋いでいくボランティア活動に主眼を置いています。この現状を飲み込んだうえで、村にどんな記憶があるのか、保存し、残しておく手立てがあると考えています。記憶が積み重なっているはずです」

大淀町には奈良県内の他の自治体のような国や県に指定された文化財は少ない。しかしそのような価値観とは別のところで、町の独自の良さを掘り起こしたいと松田は考えている。幸い大淀町には室町時代や江戸時代を経て続いている古い村がいくつも残っている。そこから伝承や文化など村の記憶を作ってゆくことが可能だ。しかも吉野という地域にはかつては山林王がいて、日本経済を動かすほどの力を持っていた。今は忘れられているが、日本を動かせるほどの人物の歴史が存在していた。これらをどう活用すべきか、松田も考えている。そこで無くてはならないのが、地域の人々の関心を文化財へ向けてゆくことだ。そのためには文化財担当者が地元の人々と触れあい、話をしっかり聞く姿勢が大事になる。

松田は語る。

「地域遺産というテーマで地域の人々と一緒にどうやって遺産を守ってゆくか考えましょうと言っています。地域のオリジナルな歴史をしっかり勉強して、史跡を残してゆくことが大事ですね。地域の心を聞くこと、人々を動かすことが大切です。こんなものが村にあったんだ、だけどマンションで潰されるらしい、地域の誇りになるから守りましょう、そこから文化財保護への関心は生まれるのではないでしょうか」

松田は史跡が国宝や重要文化財である場合、史跡が地域から浮き上がり、自分たちには関係ないものと住民から分断される危険性も語ってくれた。観光で地域にやって来た人たちが文化財の前に来たときに、見栄えはしても、これがどれほどの重みのある歴史の事実かが伝わりにくいのも事実である。やはり本当に文化財へ愛情を持ち得るのは地域の人々である。

大淀町では2016年から町内に残された地域遺産の中から、魅力ある物語をもつものを「おおよど遺産」として選定し、地域住民と行政が協力して保存活用を進める仕組みを目指してきた。その趣旨は、〈ふるさとの風土や原風景に思いを寄せる人々が増え、足元にある宝物の発見を促し、地域に根ざした歴史・文化遺産の保存・継承につながり、吉野地域が歩むべき未来への新たなビジョンを生み出すきっかけとなれば幸いです〉（大淀町教育委員会教育長　廣見敦志「刊行にあたって」『おおよど遺産──

2016～2020年度大淀町地域遺産保存活用事業―』）にある。

その特徴は、日本遺産の選定のような行政からのトップダウンではなく、町内の自治会長、各区長、任意団体など地域住民のほうから町に推薦するボトムアップ方式にある。町での審議をする人も専門家ではなく、地域住民から選ばれた「大淀町地域遺産会議」の運営員である。地域に密着した遺産選定なのである。自分たちの身近にあるもの、伝えたいものを自分たちで判断して残してゆく仕組みである。その分類も多岐にわたる。①もの、②わざ、③民俗、④名所、⑤自然、⑥近現代、⑦景観、⑧ひとである。


選定されたものには「オカリヤをたてる　御霊神社の秋祭」（民俗遺産）、「吉野の水よ清らかに　ケヤキと水取り神事」（自然・民俗遺産）「日本古来の伝統的な技　金箔貼り・金箔振り」（わざ遺産）などがあり、城では「愛宕山から矢が走る　矢走城跡」（名所遺産）がある。矢走城跡は、愛宕山山頂に築かれた室町時代の山城である。めずらしい「もの遺産」には安政の大地震を記録した寺の住職のメモが選ばれている（「後世に伝えたい　安政の大地震の記録」）。「インパールからの帰還　日章旗」（近現代遺産）は、この町からインパール作戦に参加し戦死した人の遺留品である。出征時に日章旗に102名の人が寄せ書きをしており、持ち帰ったイギリス兵の子孫から遺族に戻されたのだという。古地図や地蔵堂に所蔵された地獄絵図なども地域遺産に選ばれている。これらは忘れてはならない身近な、人類の記憶である。2021年3月に100件選定が達成された。

松田によれば、おおよど遺産は、国宝や天然記念物というこれまでの文化財の枠にとらわれない、地域に住み続ける住民の「眼」でふるさとの魅力を再発見する試みとして注目されているという。それは「記憶のバトン」という意味を持つ。

高校時代、私が考古学クラブを通して出会った研究者に、当時肥後考古学会会長だった三島格がいる。三島は元福岡市立歴史資料館館長で、沖縄や八重山諸島など南島の考古学研究の権威でもあった。三島は私たちによくこう言った。

「その地域出土の文物は、原則的にはその郷土の人々に理解され、保護されるべきものであります。観光が先行すると地域の住民はそっぽを向く。心すべきことだと思う」

山梨学院大学名誉教授で、行政法、文化法が専門の椎名慎太郎は言う。

「文化財の大事なポイントは文化財をあまり考えたことがない人に、文化財が自分たちの命にもかかわる要素を持つことを教え、根付かせていくことです。できるだけ本物に触れることができる機会があればいいですね。私も発掘に参加したとき、勾玉を実際に見て、手に持ったことがありますが、1500年以上も前の人と心が通じた思いがしました。そういう感激がとくに子どもの時に経験できればいいと思うのです」

椎名も県内で積石塚などの調査を行い、山梨県考古学協会の副会長を5、6年前まで務めた。そのとき遺跡の保存について彼が感じたことがある。行政と地元が協力し合って、文化財を守り、活用することが理想だが、現実にはむずかしい。そのためには行政の側からの地元への働きかけも必要である。相互にかみ合って理想的な文化財の保存、整備、活用が可能になる。

城にしても大淀町のように、住民が主体となって行政とともに、郷土の歴史を学ぶ取り組みを行う事例がある。それを紹介したい。

文化財は地域に元気を与える

滋賀県米原市番場に鎌刃《かまは》城跡という中世期から戦国期にかけての山城がある。琵琶湖北東部では小谷城に次ぐ規模の広さである。尾根筋に作られた鎌の刃のような堀切が城の名前の由来である。1998年からの発掘調査で、主郭の周囲は4メートルの高石垣で囲まれていた。この時期の石垣の使用は画期的で、土作りから石作りへの転換期の城である。これらが評価され、2005年には史跡になった。

鎌刃城

現在、鎌刃城跡の殆どが保存のため土に埋もれているが、地域と密着した存在であり続けている。史跡になり、地元では毎年6月に行われる「鎌刃城祭り」を続けている。古民家を鎌刃資料館にし、模型が展示され、説明板が置かれている。鎌刃城祭りでは市の文化財職員による現地説明会のほか、研究者を招いた講演会も行い、2022年も開催された。

滋賀県立大学名誉教授の中井均は言う。

「観光的な活用も大事ですが、それだけでは地域の史跡にはならないと思います。歴史と自然は地域の資産であって、そこで生まれ育った人たちが史跡を誇りに思い、郷土愛を育むための活用であって欲しいですね。精神的な、心の活用と言っていいのかもしれません」

そのなかでやはり学芸員や文化財担当者の役割も変わらなけ

ればいけないのも事実だ。過度の観光に走るのはよくないが、やはり望ましい活用は必要であるし、物見遊山ではなく、きちんとした観光で多くの人にも見てもらいたいと思うのは、地域や文化財担当者の本音であろう。そのためには学芸員の側もまたスキルを上げる必要がある。

田才雅彦（文化財サポート代表）は語る。

「今回の文化財保護法改定で、より一層活用が重視されるようになった。大切なのは、町の博物館・資料館に学芸員が配置され、自然や歴史をしっかりと調査・研究し、地域の方と一緒に、それらの保存・活用に取り組んでいく体制が築かれることですね。学芸員としての地位に見合う仕事をしていれば、地域の人たちに信用されます。そうすれば、文化財などの仕事で手を広げたいから助けて下さいと言ったとき、助けてもらえると思います」

さらに学芸員は、自分の専門分野以外の仕事をどこまでやれるかということも大事な点の一つだと田才は指摘する。「自分は植物の専門家だから、それ以外は知りません」では地域からの信用は得られない。小さな自治体では一人の学芸員が切りまわしているケースも多い。いろんな分野の活用に打って出ることで、はじめて地域と共に文化財を活用できる環境も整ってゆく。

文化財と観光をどう両立させるか　もうひとつの城ブームを作る

今は文化庁の方針で、各自治体は「文化財保存活用地域計画」の作成が求められている。地域の人々から協力を得ながら、地域に根差した計画を作ってゆけるかが重要な課題の一つである。計画作成においてもう一つの課題は、学ぶ意識の高い観光客へ十分なおもてなしができるかである。田才は言う。

「文化財に対して本物の高い意識を持つ外国人客を、きちんと迎え入れるモデルが作れるかどうかですね。物見遊山の外国人客でなく、本当に学びたい人、興味を持った人に満足してもらえるようなグレードの高い文化財の活用ができるかどうかです。彼らがそれに対する対価を払うという気持ちになれば、きちんと文化財を活用すれば儲かるモデルケースになりえると思います。そういう方々を相手にできるよう活用レベルをくみ上げなければなりません」

文化財を活用して観光で稼ぐことは、本物を見ようとする人々に、どう答えてゆく力があるか問われることである。つまり、その人たちのお眼鏡にかないうる活用を求められるということだ。

文化財の活用にはバランスが大事だと述べるのは、城郭研究家の加藤理文である。

「文化財を保護するのは、文化財保護法もあり当然のことです。保護と活用が、互いに補い合い共存共栄できるのが理想だと思います。ただ活用は文化財の保護ありきが大前提だということを忘れてはいけません。保護をする中での活用だったらいくらでもすればよい」

文化財には保存と整備という厄介で大事な側面を持つ。その点と観光活用とのバランスが上手く取れれば、インバウンド客に日本文化に触れてもらうのは、ありがたいことである。

これからどのように文化財と観光を並列させてゆくか。奈良大学文学部文化財学科教授の坂井秀弥の言葉がその指針を指し示している。

〈いま求められる文化財政策とは、本物の文化財を生かして真の地域づくりにつなげることではないか。それが質の高い持続可能な観光活用にもなるだろう〉

（坂井秀弥「外部任せにせず汗かいて主導を」「トラベルジャーナル」２０１９年７月８日号）

２０２０年以来の新型コロナによる自粛はつらいことが多かったが、一方で教えられるものも少なくはなかった。

私たちは幾度にもわたる緊急事態宣言の中で、県を跨ぐ遠距離移動を自粛させられた。そのとき私は地元にある廃城や寺を訪れた。そのたびに史跡巡りをする人々に出会った。皆が自分たちの地域の歴史に関心を持つようになっていた。

何より私自身が近隣にある古代の窯跡や横穴墓を初めて訪れ、自分の住む近くにこのような史跡があったのかと驚くことが多かった。また電車に乗って近場にある廃城に何度か足を運んだ。横浜市郊外の茅ヶ崎城跡（横浜市都筑区）、榎下城跡（横浜市緑区）、小机城跡（横浜市港北区）などである。名前は知られていないが、室町時代から戦国期にかけての城跡である。郭があまり残っていないものもあったが、土塁らしき作りや、堀らしきものを見た時、子どもの頃、古墳めぐりをした時に似たときめくような発見があった。小机城では空堀の中に、城巡りをする人々の姿があった。やがて私は三浦半島や鎌倉の城跡に足を伸ばしていくことになるが、このとき私は初めて地元の城跡に愛着を持った。

大学以降私は関東で過ごしてきたが、私の故郷は生まれ育った熊本という思いがあり、現在自分が住む地域への愛着は希薄だった。だが城跡や神社、遺跡めぐりをすることで、この地に生きた先祖の息吹を感じることができた。この地も私の故郷なのだという気持ちが自然に芽生えた。地元の史跡になじむことで自然に生まれた感情だった。

この地域のことをもっと知りたい、もっと親しみたい、もっと歩いてみたいという気持ちが強くなった。地域と共にある文化財とはこういうことを言うのだろうと思った。

地域と共にある文化財とは、私たちが、ふだんは見過ごしている地元の城跡などに目を止め、学ぶことから始まる。それは地域を見つめ直すという行為に繋がる。住んでいる人たちや地域が、文化財への愛情を持つことで、地域への愛着が生まれ、地域の活性化につながっていく。それが地域を豊かにする文化財の力である。

私は城の活用において提案したいことがある。現在は山城に行っても、若い女性たちの姿を見るようになった。数年前、佐和山城に登ったときも20代から30代にかけての女性たちが一人で、あるいは数人で連れ立って登る光景を目にした。

これは女性に限られたことではなく、城や歴史に興味を持つ世代の幅が広がったということだ。男女とも若い世代の城ファンが増えた。彼ら彼女らは実際に険しい山城にも行くし、全国津々浦々の城を回り城についてよく知っている。彼ら、彼女たちは机上で学ぶのではなく、実地に足で学んでいる点に強みがある。それだけに文化財の現状もよく把握している。

そこで養われた本物を見る目を活かして、次の学びのステップとして城や文化財の保存への意識に目を向けて頂いたらと願う。歴史遺産を本来の目的で活用するにはどういう方法があるのか、若い世代の意見を自治体は反映させられないものだろうか。

意見を伝えることは市民の思いを代弁することでもある。今後開かれた発掘調査など、市民に向けた成果を出していくためには、行政サイドも学界も、多くの市民の意見を反映させながら、文化財のよりよき活用を探っていくことが望まれる。そして私たちも行政まかせにせず、積極的にサポートし、汗を流すことを惜しまぬことだ。相乗効果で互いに気づかなかった長所や問題点に触れることが、強力な文化財保護、活用の推進力になることと信じる。城ファンは、旅行会社とは違った視点での文化財の活かし方を知っているはずだ。

天守のない城の魅力についていつも思い出す光景を記したい。

もう15年ほど前になるが、2月の半ばに大雪の降った早朝に竹田城に登ったことがある。積雪がひどく車も途中までしか登れなかった。雪の中に足をのめり込ませながら山頂まで登ったが、雪をまとった本丸や天守台、曲輪の可憐な姿に目を奪われた。これほど雪化粧をまとった美しい山城は、これまで見たことが無かった。周囲には写真撮影をするため、三脚を抱えて城跡を歩いた人が数名いた程度だったが、城内は静寂な雰囲気に覆われていた。

山頂から見下ろす城下町の風景、徐々に明るくなる空を見ながら、この城の在りし日の姿を思った。城主の赤松氏の姿。城にいた人々。そうして石垣の上にあった建物。建物はどんな形や色や構造をしていたのだろう。

そんな想像をしているとき、これが天守のない城に行く面白さだと思った。そのとき私は学生時代に読んだ新聞記事を思い出した。１９８７年1月5日に毎日新聞に掲載された「読書の楽しみ　読者とともに」である。作家の赤瀬川隼と井上ひさしが読書の楽しみについて語る対談だったが、井上ひさしがこう語っていた。いい小説というのは絶対に映画化・ドラマ化が成功しないのだと。

〈『雪国』の最初で「駅長さぁん」という声のところね、吉永小百合でも松坂慶子でも誰がやってもあの小説にはかなわないですね。…小説でしか成立しないことばのすさまじさ、おもしろさ、正確さ、奥行きの深さ、広がりの巨大さ…というのは小説で読んで感動して蓄えて考えていかないとダメですね。〉

天守のない城へ行くとき、私はこの言葉をいつも思い出す。脳裏に描かれた天守や櫓や曲輪の迫力は、いま存在する全国のどんな天守も国宝も重要文化財でも敵わない。そんな壮大な想像をかきたて、楽しむことができるのが天守のない城の持つ何ものにも勝る魅力なのである。

無尽蔵の楽しみを与えてくれる城跡に行ける喜びを、今後も味わいたいと願っている。

あとがき

私が「天守のない城」があることを初めて知ったのは、小学校6年生のときだった。クラスで縄文時代の貝塚（熊本県八代郡氷川町）を見学に行ったとき、隣に少しばかり高くなった小さな段があって、「西新城跡」と標木が立てられていた。城と言えば、大きな天守を持った熊本城をイメージしていた私は、石垣も櫓も堀もない、建物もなく、何よりあまりにも小さすぎる、こんもりと木々に茂った段が、なぜ城なのだろうと不思議に思った。

その翌日、担任の教師から「これは中世の城で、熊本城のような天守は無く、館のような建物が建っていた」と教えられ、城と言っても、このような小さいものもあることを知ったのだった。

その後考古学少年となった私は、遺跡の地図を広げながら、この地域には西新城以外にもたくさんの「城跡」があることを知った。私の住む町の隣にある氷川町にも高塚城、大野城、笹尾城、新城、東新城など南北朝から室町時代にかけて作られた城があり、古墳を見に行くときに、偶然これらの城跡に出会うこともしばしばあった。

標木の建物には、城跡としての説明も書かれており、八代市にある名和氏、相良氏が城主だった古麓城の支城であることもわかった。古麓城は、後に小西行長の居城となった。

自転車で友人たちと連れたってこれらの城を見て回り、自分たちの遠い先祖がこの城にいて、多くの人々が城に関わっていたことを想像すると、遙かな過去と今が繋がった思いがした。想像の中で先祖と出会い、城が健在だった時代に思いを馳せた。そこから考古学や歴史に対する興味関心が深まり、名も無き小さな城を通して、ごく自然に地域とそこに息づく歴史に対して親しみを持つようになった。もっと地域の歴史を知ってみたいという素朴な思いから、地域に対する愛着は生まれる。文化財というものは、肌に触れ、訪れることで、人々の好奇心を刺激し、地域への愛情を高めてゆくものだと知った。それが地域における史跡の存在価値ではないだろうか。そして史跡は地域と一体となって本来存在するものではないかと子供心に肌で感じていた。

その後私は、高校時代に肥後半国の領主である小西行長の居城宇土城の発掘を体験し、さらに天守のない城への興味が強くなった。このときの衝撃については本文にも記したが、関ヶ原の合戦で西軍の首謀者だった小西行長の城は、廃城となり、石垣も殆ど壊され荒れ地となり、私が高校生だった当時もあまり振り返られることはなかった。しかし城の発掘によって、小西行長の功績や宇土城の特色や歴史に想像以上の大きなドラマがあったことを知ることができ、これまで自分にあった城イコール天守という概念を変えてくれたように思う。

宇土城をくまなく歩き、空堀や石垣、城の縄張り、出土物を手にすることで、城は天守だけでなく、多くの要素から成り立ち、いろんな楽しみ方があり、その興味や面白さは尽きないと教えられた。

本書は、このような自分の体験が土台となって構想されたものである。天下の名城熊本城を持つ熊本県に生まれ、熊本城の天守にも何度も登りながらも、天守のある城も、そうでない城も、あるいは石垣もない地元の町の小さな城跡にも、それぞれに固有の歴史や特色を持っていると思うようになった。同時にそれは、文化財が著名であろうがなかろうが優劣は無く、それぞれが唯一無二のかけがえのない貴重な存在であるとの思いにもつながった。

高校時代にちょうど宇土城本丸跡の付近で、肥後考古学会長（当時）で、元考古学部顧問であった今は亡き富樫卯三郎先生とばったり出会い、一緒に城を歩いたことがあった。そのとき先生は、「史跡は地域からかけ離れてはいけない、観光に走りすぎると、住民は史跡への愛着をなくしてしまう、地域の文化財は地元の人たちによって守られ、整備され、未来に伝えてゆくものだ」と語られた。後に福岡市歴史資料館長の三島格先生からも同じ事をお聞きした。

これが私たち地元の人間の文化財に対する向き合い方だと、考えている。

私は大学でも考古学を専攻したが、史跡に対する私の考えは、このときから首尾一貫している。

ところが、時代は、先生方のお考えと逆行するように進んでいく。文化財を観光資源として活用し、経済を活性化しようという動きが加速している。その経緯は本書の前半部に書いているが、大きな分岐点になったのが、２０１９年の文化財保護法の改定である。ここには「保存」「整備」中心だったこれまでの文化財政策から大きく舵を切って、「活用重視」という項目が加えられた。活用それ自体は観光そのものを意味するわけではないが、国のインバウンド政策に沿って、文化財の観光活用が促進されるようになった。

この法律が改定されることが決まったとき、各自治体の文化財部署では懸念の声がかなり上がっていた。本来文化財は保存、整備をして未来に伝えなければならないのに、その点がなおざりになって観光に活用されると、文化財は本当に守られるのだろうかという不安の声を町々で聞いた。とくに城は寺社と並んで、国内外の多くの観光客を動員できる魅力を持つ。果たしてその不安を具現化するように、この頃から天守に宿泊できるプランが作られたり、結婚式を挙げられるサービスなども民間業者と一体となって行われるようになった。私は文化財の活用にしても、観光化にしても、反対の立場ではない。むしろ文化財の特性を活かした活用がなされるのであれば賛成である。

ただしこれには条件があると思う。それは他の観光資源と違い、文化財は歴史遺産であるから、まず保存・整備が十分になされること。歴史遺産として未来に伝えること。生きた歴史の学習の場として歴史を学ぶための活用が幅広くなされること。地域の多くの人々に文化財に愛着を持ってもらうこと。その上で地域が元気になるような活用がなされるのが望ましい。

「観光」という言葉の、本来の語源には「学ぶ」という要素が入っている。知ることを楽しむ、学ぶことを楽しむ機会を提供できるのであれば、観光化も大いに推進されるべきである。

ただ現実的には、城泊をはじめ、過剰とも言える観光活用はさらに広がっている。

何が望ましい活用方法なのか。

本書では、有名な史跡ではないものの、地域とともに生き、地域の人々によって保存、整備、活用されている取り組みがなされた城をはじめとする史跡も紹介した。

文化財の意義の原点に立ち返り、私たちがどう文化財を活かし、未来に伝えてゆくのか、地域活性化のためになるような観光化の推進、そして観光立国とも共存できる文化財本来の活用のありかたを、専門家だけでなく、地域に住む我々一人一人が自分事として改めて考える機会になればと思う。

そのとき本書を参考にしていただければこれ以上の幸いはない。

本書刊行にあたり、青土社編集部の多大なるお力添えを頂きました。謝意を表したく存じます。

２０２３年10月１日

澤宮　優

参考文献

＊本文中に記したものは除いた。

全般

・中井均『城館調査の手引き』山川出版社・２０１６年
・加藤理文『日本から城が消える「城郭再建」がかかえる大問題』洋泉社・２０１０年
・服部英雄編『史跡で読む日本の歴史８　アジアの中の日本』吉川弘文館・２０１０年
・中西裕樹『戦国摂津の下克上―高山右近と中川清秀（中世武士選書41）』戎光祥出版・２０１９年
・三浦正幸『城のつくり方図典』小学館・２００５年
・小和田哲男監修『歴史を訪ねる　城の見方・楽しみ方』池田書店・２０１４年

はじめに・序章

・文化審議会「文化財の確実な継承に向けたこれからの時代にふさわしい保存と活用の在り方について（第一次答申）」　２０１７年
・文化審議会「文化財保護法に基づく文化財保存活用大綱・文化財保存活用地域計画・保存活用計画の策定等に関する指針」　２０１８年
・日本学術会議史学委員会　文化財の保護と活用に関する分科会「提言　持続的な文化財保護のために――特に埋蔵文化財における喫緊の課題――」　２０１７年
・国土交通省観光庁ホームページ「「令和３年度　城泊、寺泊による歴史的資源の活用専門家派遣事業　専門家派

遺希望地域のエントリーを開始します」　２０２１年
・「文化遺産の世界　vol. 33　特集　文化財保護法改正」文化遺産の世界編集部・２０１８年
・「文化遺産の世界　vol. 36　特集　文化財保護法改正Ⅱ」文化遺産の世界編集部・２０２０年
・「文化遺産の世界　vol. 38　特集　文化観光推進法」文化遺産の世界編集部・２０２１年
・「明日への文化財　特集　文化財と法律・裁判」２０１９年1月・文化財保存全国協議会
・「明日への文化財　特集　文化財保護法改定——その後——」２０２１年1月・文化財保存全国協議会
・文化財保存全国協議会編集・発行「文全協ニュース」№２２９「２０２１年度　文化財をめぐる情勢」
２０２１年7月
・「学芸員　問われる役割　文化財の観光資源化求める声」「朝日新聞」２０１７年4月26日
・「文化財観光・町づくりに活用　文化審議会、規制緩和を答申」「朝日新聞」２０１７年12月16日
・「社説　文化財保護法の大幅改正　保存と活用の人材育成を」「毎日新聞」２０１８年4月1日
・森山英一「存城と廃城——城はいつ終わったのか——」「平成28年度遺跡整備・活用研究集会報告書」独立行政法人国立文化財機構奈良文化財研究所文化遺産部　遺跡整備研究室・２０１７年
・「城の「復元的ルール緩和」で「なんちゃって天守閣」乱立の恐れ」「週刊ポスト」２０２０年9月18・25日号
・大河内智之「仏像盗難被害の現状と対策」「文化遺産の世界」ネット２０２０年2月17日公開
・平戸市生月町博物館・島の館ブログ「平戸史再考№００1平戸「城下町」の再検証」２０２０年5月7日
・同「平戸史再考　№０１２　北松城郭考」２０２１年2月27日

第1章

「**佐和山城**」

・彦根市教育委員会文化財部文化財課編『佐和山城御普請、彦根御城廻御修復―発掘・解体調査からみえてきたもの―』（彦根市開国記念館　企画展示図録）２０１７年
・下高大輔「佐和山城」仁木宏・福島克彦編『近畿の名城を歩く　滋賀・京都・奈良編』吉川弘文館・２０１５年
・鈴木尚『骨　日本人の祖先はよみがえる』学生社・１９６０年

「**敦賀城**」

・外岡慎一郎『大谷吉継　シリーズ・実像に迫る００２』戎光祥出版・２０１６年
・敦賀市立博物館編『大谷吉継　人とことば』（展示図録）・２０１５年
・敦賀市立博物館編『大谷吉継と西軍の関ヶ原』（展示図録）・２０１６年
・外岡慎一郎「大谷吉継年譜と若干の考察　付関係文書目録（稿）」『敦賀市立博物館　研究紀要　第30号』敦賀市立博物館・２０１６年

「**宇土城**」

・宇土市史編纂委員会編『新宇土市史　通史編　第二巻　中世・近世』宇土市・２００７年
・宇土市史編纂委員会編『新宇土市史　資料編　第三巻　古代・中世・近世』宇土市・２００６年
・「小西行長ドン　アゴスチイノ」「平成十九年度秋季特別展覧会　八代の歴史と文化」17号・八代市立博物館未来の森ミュージアム・２００７年
・熊本日日新聞社編集局編『地域学シリーズ5　新・宇城学』熊本日日新聞社・１９８９年
・宇土市教育委員会編『関ヶ原の戦いから四百年　小西行長公没後四百年記念事業資料集』宇土市・宇土市教育委員会・２０００年

「水口岡山城」
・甲賀市教育委員会編集・発行「国史跡　水口岡山城跡」２０１７年
・一般社団法人水口岡山城の会「よみがえれ水口岡山城２０１４報告書」２０１４年
・訓原重保「水口岡山城」仁木宏・福島克彦編『近畿の名城を歩く　滋賀・京都・奈良編』吉川弘文館・２０１５年

「沼田城・上田城・松代城」
・上田市立博物館編集・発行「郷土の歴史　上田城」２０１０年
・寺島隆史「第一次上田合戦前後における真田昌幸の動静の再考」「信濃」第62巻第5号・２０１０年

第２章

「坂本城」
・下高大輔「坂本城」仁木宏・福島克彦編『近畿の名城を歩く　滋賀・京都・奈良編』吉川弘文館・２０１５年
・下高大輔「大津城」仁木宏・福島克彦編『近畿の名城を歩く　滋賀・京都・奈良編』吉川弘文館・２０１５年

「赤穂城」
・赤穂市生涯学習課文化財係「文化財をたずねて」No.８（１９９９年３月）、同No.23・赤穂市教育委員会・２０１５年２月
・赤穂市教育委員会生涯学習課文化財係編「赤穂城史跡名勝の探訪ガイド」赤穂市・２００９年

「五稜郭」
・「五稜郭歴史回廊ガイド」１巻〜２巻・五稜郭タワー株式会社・２０１１年
・児玉幸多・坪井清足ら監修『日本城郭大系　第１巻　北海道・沖縄』新人物往来社・１９８０年

「**戸切地陣屋**」
・時田太一郎「日本最初の星形城郭・戸切地陣屋の再評価」「攻防団」ブログ　２０２３年7月29日〜同8月28日掲載　https://blog.kojodan.jp/
「**白老元陣屋**」「**東蝦夷地南部藩陣屋跡モロラン陣屋跡**」
・児玉幸多・坪井清足ら監修『日本城郭大系　第1巻　北海道・沖縄』新人物往来社・１９８０年

第３章

「**鳥取城**」
・中井均編『鳥取城　山陰名城叢書３』・ハーベスト出版・２０２２年
・鳥取市教育委員会文化財課『史跡鳥取城跡附太閤ヶ平　保存整備基本計画報告書』鳥取市教育委員会・２００６年
・パンフレット「鳥取のサグラダ・ファミリア　鳥取城の石垣修理」鳥取市教育委員会事務局文化財課・２０２０年
「**鳥取百年館**」
・鳥取村誌編集委員会『鳥取村五十年誌』釧路郡鳥取村・１９３４年
・曽根樫次『鳥取移住百年誌』釧路市・１９８４年
・曽根樫次『釧路・鳥取報恩会創立百年記念誌』釧路・鳥取報恩会・１９８９年
・曽根樫次編『鳥取神社百年史』鳥取神社・１９９４年
・坂本友規著・坂本正男編『坂本友規日誌　上巻』釧路市・１９９８年
・鳥取市・釧路市姉妹都市40周年企画展『移住と移民の歴史展・北海道―故郷鳥取からの旅立ち―』鳥取市歴史博

物館・2003年
・鳥取県立公文書館編集『平成10年度公文書展　鳥取県人の北海道移住Ⅱ』　1998年

「**尼崎城と城郭画家・荻原一青**」
・尼崎市地域研究資料館、岩城卓二ほか「絵図・鳥瞰図を読む（第四章尼崎の近世・第三節）」『たどる調べる　尼崎の歴史下巻　尼崎市制100周年記念　新「尼崎市史」』尼崎市・2016年
・荻原一青画・西ヶ谷恭弘文『日本名城画集成』小学館・2016年
・荻原信一「古城を描いて二十五年」『城郭』第1巻・第3号・日本城郭協会・1959年
・辻川敦「城郭画家・荻原一青の事績と生涯」「歴史と神戸　第60巻　第2号」（神戸史学会）2021年4月
・中井均「荻原一青氏の評価と回顧」「歴史と神戸　第60巻　第2号」（神戸史学会）2021年4月
・大国正美「明治十八年の尼崎城址・大正六年の尼崎城址」「歴史と神戸　第60巻　第2号」（神戸史学会）2021年4月
・江崎俊平「夢城の人―荻原一青の生涯」「歴史と人物　1978年3月号」中央公論社
・藤井千年「画家・荻原一青氏―山下栄図書館長と阪本勝知事―」「地域研究史研究―尼崎市立地域研究史料館紀要　117号」尼崎市立地域研究史料館・2017年11月

「**北海道のチャシ**」
・児玉幸多・坪井清足ら監修『日本城郭大系　第1巻　北海道・沖縄』新人物往来社・1980年
・服部英雄編『史跡で読む日本の歴史8　アジアの中の日本』吉川弘文館・2010年

第2部

第4章

「駿府城跡」

・静岡市（観光交流文化局歴史文化課）編集「駿府城天守台まるごと発掘4――令和元年度発掘調査概報」静岡市・2020年

・「駿府城跡天守台発掘調査現場見学会資料」平成28、29、30年、令和2年

・静岡県観光交流文化局歴史文化課「駿府城東御門・巽櫓リニューアル記念シンポジウム「天守台と金箔瓦の謎に迫る」「第1部　駿府城跡天守台発掘調査の成果と課題～天正期を中心に～」」配付資料

・長谷川渚「駿府城跡天守台発掘調査「見える化」の取り組み」「文化遺産の世界」vol30・2017年11月7日ネット配信

「富松城」

・富松城跡を活かすまちづくり委員会編集・発行『もっと知りたい　中世の富松城し富松』2007年

・富松城跡を活かすまちづくり委員会編集・発行『まちづくり委員会10年のあゆみ』2012年

・村井良介「富松城の研究――戦国期城郭の研究とまちづくりへの活用――（第三章尼崎の中世・第三節）」『たどる調べる　尼崎の歴史下巻　尼崎市制100周年記念　新「尼崎市史」』尼崎市・2016年

「米子城」

・中井均『伯耆米子城　山陰名城叢書1』ハーベスト出版・2018年

・山本恭子ほか『米子城　城の歴史とその調査研究史』米子市立山陰歴史館・2018年
・山本恭子ほか『米子城にまつわる人々』米子市立山陰歴史館・2019年
・加茂川まつり実行員会「米子加茂川地蔵めぐりガイドマップ」パンフレット・2017年
・米子まちなか歩こう会編・発行「米子の小路～まち歩きガイドブック」　2018年

第5章

「甲府城」
・山梨県埋蔵文化財センター編集「よみがえる甲斐府中城」（県指定史跡甲府城跡鉄門復元整備事業概報）山梨県教育委員会発行・2012年
・宮里学「甲府城」山下孝司・平山優編『甲信越の名城を歩く　山梨編』吉川弘文館・2016年

玄蕃尾城
・敦賀市教育委員会編「史跡　玄蕃尾城跡　見学の栞」玄蕃尾城跡保存会・2003年
・中井均「玄蕃尾城」仁木宏・福山克彦編『近畿の名城を歩く　滋賀・京都・奈良編』吉川弘文館・2015年

「竹田城」
・谷本進「竹田城」仁木宏・福山克彦編『近畿の名城を歩く　大阪・兵庫・和歌山編』吉川弘文館・2015年
・朝来市産業振興部　観光交流課「朝来市を取り巻く観光の動向と朝来市の観光の現状」「第2次朝来市観光基本計画―概要版―」　2019年
・兵庫県朝来市「都市再生整備計画（第2回変更）天空の城があるまち竹田地区」　2015年
・「朝日新聞」連載（2014年11月～2015年11月）「竹田城の履歴書」（朝来市埋蔵文化財センター館長　田畑基執筆）も参考にした。

「美濃金山城」

・可児市教育委員会・滋賀県立大学「国史跡美濃金山城跡発掘調査概報Ⅱ」可児市教育委員会・２０１９年

・岐阜県可児市・滋賀県立大学「美濃金山城跡主郭発掘調査報告書」可児市文化スポーツ部文化財課・２０２１年

・ＯＫＢ総研調査部編「城跡を活用した可児市の地域づくりの考察Ⅱ―持続可能な活動とブームの両立に向けて―」「OKB Research Institute report」ＯＫＢ総研・２０１９年6月

・全国山城サミット可児大会実行委員会事務局編「第26回　全国山城サミット　可児大会資料集」２０１９年

・長沼毅「美濃金山城」中井均・内堀行雄編『東海の名城を歩く　岐阜編』吉川弘文館・２０１９年

・「平成30年度　可児市山城連絡協議会　活動報告」「平成31年度可児市山城連絡協議会　活動報告」「岐阜県史跡金山城跡　発掘調査の結果について（第１次～第５次）」「美濃金山城跡報道発表資料　「美濃金山城跡」の国史跡答申について」なども参考にした。

「月山富田城」

・鳥取県立公文書館県史編さん室『尼子氏と戦国時代の鳥取　鳥取県史ブックレット４』鳥取県・２０１０年

・宍道正年『親子で学ぶ松江城と富田城の時代』山陰中央新報社・２０１９年

第六章

「大淀町」

・大淀町・大淀町教育委員会編「２０２０年度おおよど遺産パンフレット」２０２１年3月

・大淀町教育委員会編集・発行「大淀町地域遺産シンポジウム２０２１　わたしたちのレガシー～地域遺産を次代へつなぐ～」２０２１年9月

・奈良県大淀町教育委員会編集発行「おおよど遺産――２０１６～２０２０年度大淀町地域遺産保存活用事業――」２０２２年

鎌刃城

・中井均「鎌刃城」『近畿の名城を歩く　滋賀・京都・奈良編』吉川弘文館・2015年

＊拙著からは『戦国廃城紀行　敗者の城を探る』、『廃墟となった戦国名城』（ともに河出書房新社・2010年刊行）、「サンデー毎日」短期集中連載「〝天守のない城〟を歩く」2017年10月1日号、10月8日号、10月15日号、「続〝天守のない城〟を歩く」2019年1月6日・13日号、1月20日号、1月27日号、「サンデー毎日」2022年3月6日号「城ブームにモノ申す！」、「望星」2023年4月号「文化財が壊れてしまう！」「西日本新聞」2021年8月1日付「コラム・文化財と観光　敬意なくして有為な活用なし」等を参考にした。

＊なお、天守の起源について、城の破城について、文化財保護、天守の再建関連について、高槻市教育委員会文化財課の中西裕樹氏、熊本県芦北町文化財担当の深川裕二氏の懇切なご教示を得た。厚くお礼申し上げる。

＊その他新聞、パンフレットなどを参考にしたが、極力本文中に明記した。

＊写真は提供の記載のないものは著者の撮影である。

著者　澤宮 優（さわみや・ゆう）

ノンフィクション作家。歴史から文学、映画、スポーツまで幅広く執筆。1964年、熊本県生まれ。青山学院大学文学部史学科（考古学専攻）卒業、早稲田大学第二文学部日本文学専修卒業。著書に『戦国廃城紀行　敗者の城を探る』『廃墟となった戦国名城』（以上、河出書房新社）『「考古学エレジー」の唄が聞こえる』（東海教育研究所）など多数。文化財保存全国協議会会員、日本文藝家協会会員、肥後考古学会会員。

天守のない城をゆく

城の楽しみ方、活かし方

2023年10月20日　第1刷印刷
2023年11月10日　第1刷発行

著者　澤宮 優
発行人　清水一人
発行所　青土社
〒101-0051　東京都千代田区神田神保町1-29　市瀬ビル
［電話］03-3291-9831（編集）　03-3294-7829（営業）
［振替］00190-7-192955

組版　フレックスアート
印刷・製本　シナノ印刷
装幀　大倉真一郎

ISBN 978-4-7917-7594-1